列車ダイヤ研究会

列車ダイヤと運行管理（2訂版）

交通研究協会発行
成山堂書店発売

交通ブックス

本書の内容の一部あるいは全部を無断で電子化を含む複写複製
(コピー) 及び他書への転載は，法律で認められた場合を除いて
著作権者及び出版社の権利の侵害となります。成山堂書店は著
作権者から上記に係る権利の管理について委託を受けています
ので，その場合はあらかじめ成山堂書店 (03-3357-5861) に
許諾を求めてください。なお，代行業者等の第三者による電子
データ化及び電子書籍化は，いかなる場合も認められません。

北陸新幹線(小牧橋下)W7系(第7章)

北海道新幹線(青函トンネル)H5系(第7章)

上野東京ライン・E231系（第8章）

新幹線はじめ多くの列車が発着する東京駅。

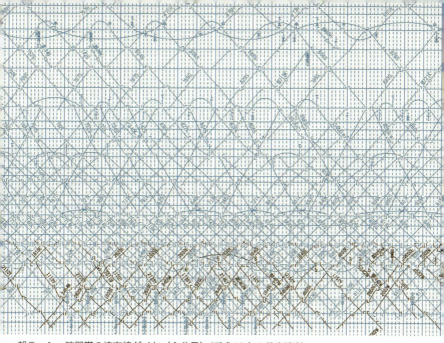

朝ラッシュ時間帯の埼京線ダイヤ（1分目）（平成19年3月改正時）
　水色のスジは埼京線と川越線。各駅停車と通勤快速で傾きが異なる。黒色のスジは湘南新宿ラインなどのM電。（第3章）

東京圏の輸送管理を預かる総合指令室
　指令員の前面上段は列車CRT。下段はダイヤ表示のGD。（第11章）

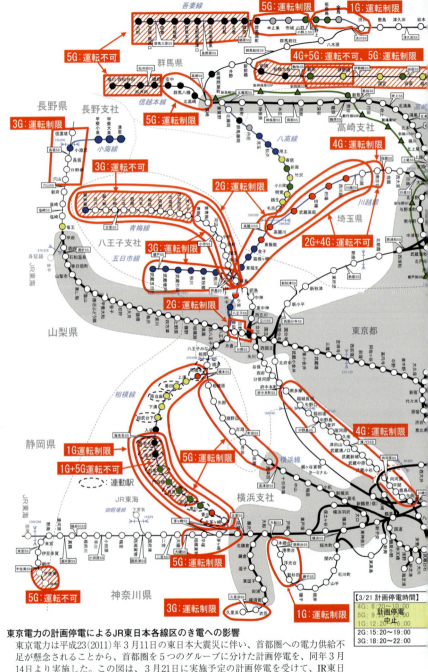

東京電力の計画停電によるJR東日本各線区のき電への影響

　東京電力は平成23(2011)年3月11日の東日本大震災に伴い、首都圏への電力供給不足が懸念されることから、首都圏を5つのグループに分けた計画停電を、同年3月14日より実施した。この図は、3月21日に実施予定の計画停電を受けて、JR東日本が受ける影響を線区・駅別に示したものである。(第11章)

関東エリア 鉄道運転状況図

凡例
- 自営電力送電網による供給範囲
- ━ 在来線・信号高圧あり
- ━ 在来線・信号高圧なし
- ━ 新幹線
- ● 3G
- ● 4G
- ● 5G
- ● 1G
- ● 2G
- ● 不明
- ◎ 対象外
- （東電受電の駅）

運転状況

- **3G、1G+4G：運転不可、1G：運転制限**
- **3G：運転不可、4G：運転制限**
- **3G：運転制限、4G：運転制限**
- **3G：運転不可**（日光線）
- **4G：運転制限**
- **2G：運転制限**
- **2G：運転制限**（成田線）
- **4G：運転制限**
- **3G：運転制限**
- **2G：運転制限**
- **1G：運転制限**（外房線）
- **1G：運転不可**（内房線）

支社
- 仙台支社（福島県）
- 大宮支社
- 水戸支社
- 千葉支社
- 栃木県 / 茨城県 / 千葉県

水戸支社管内 駅停電は調査中

主な路線
- 越後線
- 両毛線
- 日光線
- 烏山線
- 水戸線
- 新金線
- 小名木川支線
- 成田線
- 内房線
- 外房線

福島駅を通過する「はやぶさ・こまち」と入駅中の「つばさ」
　山形新幹線が分割併合される福島駅に東北新幹線ダイヤ構成上の重要なポイントがある。(第7章

ＪＲ東日本最新鋭のリゾートトレイン「リゾートビューふるさと」
　ハイブリッドシステムを搭載した新型リゾート車両。
　観光を目的とする乗客に列車の旅をより満喫してもらえるよう、各地で運行されている。(第6章

2訂版によせて

　平成23(2011)年、我々にとって忘れることのできない東日本大震災が発生した。新幹線をはじめとして、多くの路線が長期間の運休を余儀なくされることとなった。

　こうした状況の中、関係の皆さまのご支援も頂きながら、震災で不通となった区間の運転を少しずつでも再開させていったが、東北新幹線が49日ぶりに運転再開した際、沿線の多くの方が「おかえり」と手を振って迎えてくれた光景を深く胸に刻んでいる。

　震災からの復興はまだ道半ばではあるが、「地域との絆」を再認識し、鉄道というインフラを担う企業として社会に貢献し続けていく使命を我々は負っている。

　最近の当社のダイヤ改正施策に目を移してみると、平成27(2015)年に北陸新幹線、平成28(2016)年に北海道新幹線が開業し、北陸、北海道に新たな風を吹き込んでいる。首都圏では平成27(2015)年、上野東京ラインが開業して輸送ネットワークが拡がった。

　こうした新たな路線の開業もあり、列車ダイヤが大きく変化してきている。特に、上野東京ラインや湘南新宿ラインなどの直通サービスが増えており利便性が向上しているが、一方、輸送障害が発生した際、当該路線だけでなく他路線への影響も大きくなるリスクがあり、従来以上に高度な運行管理の能力が問われている。そうした運行管理についても本書でページを割いた。

最後に、本書の改訂にあたっては、関係諸氏のご尽力により何とか完成にこぎつくことができた。この場を借りて厚くお礼を申し上げたい。

平成28年4月

2訂版 執筆者代表
小西　雄介

はしがき

　日本に鉄道が誕生してから既に136年が過ぎた。この間、官営鉄道の建設、民営鉄道の創業、鉄道国営化、戦後の公共企業体、国鉄の分割民営化等、現在のJRグループの前身を見ただけでも経営の形態は様々な変遷を経てきた。また、日本の近代化は、明治、大正、昭和、平成と時代が移り、21世紀を迎えた今、社会生活はさらに効率や便利さを求め変わろうとしている。

　鉄道は総合技術といわれ、土木、建築、機械、電気、情報システム等様々な技術分野が総合され、経験と挑戦を繰り返しながら全体のシステムを発展させてきた。日本の鉄道は、文明開化により欧米から得た技術・文化であったが、日本人はこれを上手に使いこなし、日本ならではのシステムを作り上げてきた。その結果が諸外国と比べて高い安全性と正確性に現れているといっても過言ではない。その元となるのは専門家によって組まれた列車ダイヤである。列車を時刻と位置(駅)で表すダイヤグラムの基本は明治以来変わらず続いている。

　輸送機関の最も重要な条件は安全である。鉄道の長い歴史は事故との戦いの歴史といっても過言ではない。鉄道の運行は安全をすべての基本に置いた上で、様々な部門の従事員の連携によって成り立っている。列車の発車や到着ホームを示す信号の制御は駅や指令部門の社員が担い、運転士、車掌は携帯した時刻表を確認し示された信号に従って運転を行う。また、保守部門の社員は列車ダイヤや

携帯端末で列車の時刻を参照、安全を確認して業務に当たる。列車ダイヤは各部門間の連携を図るための共通語としての重要な役割を持ち、安全・正確な運行を支えている。列車ダイヤの作成に携わる者は、その重要性を認識し、より質の高いダイヤ作りを目指し、安全の確保を業務の基本に置き取り組んでいる。

　本書では、列車ダイヤとはどういうものか、何を表しているのかという基礎的な部分を紹介した上で、線路の改良や車両の構造が列車ダイヤとどのように関連するかの面について力を入れた。また、具体的なテーマについては、筆者の経験を中心に記述したため、JR東日本の発足から20年における事柄が主体になっていることをご容赦いただきたい。

　平成20年11月
列車ダイヤ研究会

目　　次

2訂版によせて
は し が き

第1章　列車ダイヤを取り巻く課題 … 1

- 鉄道の使命の変化と列車ダイヤ … 1
- 利用者から見た列車ダイヤ … 3
- 事業者から見た列車ダイヤ … 4

第2章　輸送需要に基づく列車ダイヤ編成 … 5

- 輸送量を表す様々な指標 … 5
- 需要の予測 … 7
- 競争環境の中の列車ダイヤ … 8

第3章　鉄道輸送におけるダイヤの意義 … 11

- 列車の種類 … 11
- ダイヤの読み方 … 11
- 列車番号のつけ方 … 14
- 湘南新宿ラインの列車番号(平成27(2015)年3月改正以前) … 16
- 上野東京ラインの列車番号(平成27(2015)年3月改正以降) … 18
- 営業用の列車名と列車番号との関係 … 18
- ダイヤの種類と用途 … 21
- 列車ダイヤの基礎 … 22
- 列車ダイヤの種類 … 24
- E電ダイヤ … 25

- ・ ダイヤの実例①……………………………………………………… *29*
- ・ ダイヤの実例②……………………………………………………… *31*

第4章　列車設定の条件…………………………… *35*

- ・ 列車設定の条件……………………………………………………… *35*
- ・ 車両性能と線路条件………………………………………………… *35*
- ・ 運転曲線による運転時分の算出…………………………………… *38*
- ・ 到達時分短縮の方法と効果………………………………………… *40*
- ・ 運転間隔短縮の方法と効果………………………………………… *41*
- ・ 相互発着による時隔短縮…………………………………………… *45*
- ・ 折り返し駅における運転時隔……………………………………… *47*
- ・ 駅の配線と列車ダイヤ……………………………………………… *50*
- ・ 車両基地の整備……………………………………………………… *52*
- ・ 車両の新造・転配計画……………………………………………… *53*
- ・ JR東日本の車両配置の考え方……………………………………… *54*
- ・ 車両の運用計画……………………………………………………… *55*
- ・ 乗務員の運用計画…………………………………………………… *64*

第5章　ダイヤ改正………………………………… *67*

- ・ ダイヤ改正の位置づけ……………………………………………… *67*
- ・ ダイヤ改正の時期…………………………………………………… *68*
- ・ ダイヤ改正の流れ…………………………………………………… *70*
- ・ 輸送改善計画の策定………………………………………………… *71*
- ・ 設備改良計画と車両投入計画の決定……………………………… *71*
- ・ 営業戦略と輸送戦略………………………………………………… *73*
- ・ ダイヤ作成作業……………………………………………………… *74*
- ・ 輸送総合システム…………………………………………………… *75*

- 会社間の調整································78
- ダイヤ改正のプレス発表························78
- 改正前日からの移り替わり······················79
- ダイヤ改正後のトレース························80

第6章　臨時列車の輸送計画································82

- 需要の波動性と輸送計画の策定··················82
- ジョイフルトレインによる着地営業··············83
- 夜間の保守間合い······························86
- 各種工事に伴う輸送計画························87
- 甲種鉄道車両の輸送計画························89

第7章　新幹線の列車ダイヤ································93

- 大宮開業から上野開業まで······················94
- 東京開業(平成3年6月改正)····················94
- 山形新幹線開業(平成4年7月改正)··············96
- 2階建て新幹線登場····························97
- 遠近分離の列車体系(平成7年12月改正)··········99
- 秋田新幹線開業(平成9年3月改正)············· 101
- 長野新幹線開業(平成9年10月改正)············ 104
- 八戸開業(平成14年12月改正)·················· 105
- 平成16年3月改正····························· 107
- 新幹線ダイヤの特徴··························· 108
- 平成17年12月改正···························· 110
- 平成20年3月改正····························· 111
- 平成21年3月改正····························· 114
- 新青森開業(平成22年12月改正)················ 115

- 「はやぶさ」デビュー ……………………………………… *117*
- 東北新幹線の段階的高速化(平成24年3月〜平成26年3月改正)
   平成24年3月改正 …………………………………… *118*
- 平成24年9月改正 ……………………………………… *120*
- 「はやぶさ」320km/h運転・E6系デビュー
   (平成25年3月改正) ………………………………… *120*
- 平成25年9月改正 ……………………………………… *120*
- 平成26年3月改正 ……………………………………… *121*
- 北陸新幹線 金沢開業(平成27年3月改正) ……………… *125*
- 北海道新幹線 新函館北斗開業(平成28年3月改正) ……… *131*
- 車両運用の変遷 ………………………………………… *134*
- 今後の展望 ……………………………………………… *139*

第8章　東京圏の列車ダイヤ …………………………… *140*

- 高密度運転を実現する条件 …………………………… *140*
- 混雑緩和 ………………………………………………… *143*
- ネットワークの充実を目指したダイヤ ……………… *143*
- 湘南新宿ラインの輸送計画 …………………………… *145*
- 上野東京ラインの輸送計画 …………………………… *149*
- 相互直通運転 …………………………………………… *153*
- 着席サービスの提供について ………………………… *154*
- スワローサービスおよび新たな着席サービスについて … *155*
- 車両の座席配列 ………………………………………… *155*
- ダイヤの変更による利便性向上 ……………………… *162*
- 通勤時間短縮の取組み ………………………………… *162*
- 中央快速線のダイヤ …………………………………… *163*
- 桜木町駅接続ダイヤ …………………………………… *166*

- 快速電車の停車駅……………………………………………… *169*
- グリーン車の連結拡大………………………………………… *176*

第9章　在来線の列車ダイヤ……………………………… *179*

- 在来線の特急列車……………………………………………… *179*
- 夜行寝台特急列車……………………………………………… *182*
- 地方圏の列車ダイヤ…………………………………………… *183*

第10章　輸送総合システム………………………………… *189*

- 計画伝達システムの導入……………………………………… *189*
- 計画作成システムの導入……………………………………… *194*
- 輸送総合システムの更新……………………………………… *196*
- 現在の輸送総合システム……………………………………… *198*

第11章　輸 送 管 理………………………………………… *199*

- 輸送障害の防止対策…………………………………………… *200*
- 人身事故について……………………………………………… *201*
- 輸送障害発生時の早期復旧対策……………………………… *203*
- 輸送指令の組織………………………………………………… *204*
- 輸送指令員の養成……………………………………………… *205*
- 東京圏の輸送管理………………………………………………*207*
- ATOSの導入…………………………………………………… *210*
- 運転整理の考え方……………………………………………… *211*
- 延　　発………………………………………………………… *212*
- 通知運転………………………………………………………… *213*
- 列車遅延時の運転整理の例…………………………………… *215*
- 途中駅折り返し運転…………………………………………… *216*

- 運休による運転整理……………………………………… *217*
- ATOSの効果と課題……………………………………… *219*
- 新幹線の輸送管理について……………………………… *221*
- 新在直通運転……………………………………………… *222*
- COMTRACからCOSMOSへ …………………………… *223*
- 災害時における輸送……………………………………… *224*
- 山陰本線余部橋梁における列車転落事故……………… *225*
- 上越線渋川〜敷島間における列車衝突事故…………… *226*
- 武蔵野線新小平駅における隆起災害発生時における
  輸送の確保　　 ………………………………………… *227*
- 首都圏大雪に伴う輸送障害……………………………… *232*
- 東日本大震災の対応……………………………………… *234*
- 上野東京ライン開業の対応……………………………… *245*

第12章　今後の課題……………………………………… *248*

- 相模鉄道とJR線相互直通運行 ………………………… *248*
- 新幹線の高速化とネットワークの拡充について……… *249*
- 震災で流失した線区の復興……………………………… *249*
- 中央快速線等へのグリーン車サービスの導入について… *250*
- 東京2020オリンピック・パラリンピックについて……… *250*

初版あとがき
執筆者略歴
索　　引

第1章　列車ダイヤを取り巻く課題

鉄道の使命の変化と列車ダイヤ

　日本の鉄道は明治5年に誕生して以来140年もの歴史を歩んできた。現在、JRと他の民鉄、公営鉄道と経営形態は様々であるが、国民生活への使命を果たしている。世界的に見ても日本の鉄道は比類ないほど国民の生活に密着しているといわれる。

　終戦から10年後の昭和30(1955)年の国内旅客輸送量に占める鉄道の割合は69.3％で1日当たり2,700万人の利用があった。その後の自動車輸送量の激増により、鉄道の占める割合は大幅に減少している。

　このように、国内輸送量の大半を鉄道が独占していた時代から、高速道路、空港などの他の交通インフラ整備により、交通機関相互の競争が厳しくなる中で、鉄道が担うべき役割は変化した。

　移動手段としてみた場合、交通機関の選択理由は第一に所要時間である。それに、料金、フリーケンシー、などが続く。鉄道と航空路線が並行している場合、ターミナルへのアクセスのしやすさなどから所要時間3時間以内までは鉄道が優位性を示すのが一般的である。一方、4時間を超えると競争は熾烈になる。またその一方で、高速バス路線との並行路線では所要時間2時間前後では高速バスの廉価性との競争領域となっている。

　終戦から昭和30〜40年代まで、鉄道は近距離から夜行列車で一昼夜をかける移動まで国内のあらゆる領域の旅客輸送を担っていた。しかも、幹線ですら単線区間が数多く残る条件下で、近距離用の列車と長距離列車と貨物列車が同じ線路上を運行させるため、列車の

計画や輸送管理には今はない苦労があったと聞く。

国鉄が分割民営化され新会社がスタートしてから30年目を迎える。この間ますます充実される他の交通機関網との競争の中で、JR各社と公民鉄各社は改めて利用者に選択されるサービスを目指して活発な取組みを重ねてきた。

鉄道の最も大きな特徴は2本のレールに制約されて走行することである。そのことが高いエネルギー効率や走行安定性など多くの鉄道の長所を与えているとともに、同じ

1-1　特急待避①（提供：鈴木靖人氏）

1-2　特急待避②（提供：亀井明氏）

線路を走る列車の相互関係に大きな制約を受け与えている。これらの制約条件の中で、利用者のニーズに対応し他の輸送機関との間で競争力を高めるための営業活動を行う上で、列車ダイヤは鉄道輸送サービスの基本条件を示すものである。

少子高齢化の進行による就労・就学人口の減少、余暇の過ごし方の変化、地方における道路整備の進行、情報ネットワークの整備・高度化によるビジネス形態の変化など、鉄道を取巻く環境は厳しさを増している。一方、人類共通の課題である地球環境保全において、

エネルギー効率が高くCO_2排出量の少ない鉄道の見直しが叫ばれている。

一般的に鉄道のインフラ整備には、大きな資金と期間を必要とする。しかし、鉄道事業者は沿線地域の経済動向、人口変動や利用者の志向変化などに時期を失することなく対応し、新たなニーズの掘り起こしを含めサービスを改善し、競争に打ち勝っていかなくてはならない。その具現化の一端が列車ダイヤによって表される。

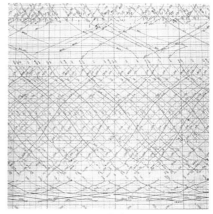

1-3　列車ダイヤ

利用者から見た列車ダイヤ

鉄道の長所と短所を考察する。

利用者から見たマイカーの最大の長所は、発地(例えば自宅)から着地(オフィスや行楽地)まで、乗り換えなく自由にアクセスできる、いわゆるドアツードアが可能なことである。反面、この自由度が交通の集中による渋滞を引き起こし、所要時間が予測できないという最大の短所を引き起こすことにもつながっている。

これに対して鉄道は発地から乗車駅、降車駅から着地へのアクセス、途中駅での乗り換えなどドアツードアが不可能である反面、需要の集中が生じた場合、車内混雑によるサービスの低下や乗降時分の超過による列車の遅延などの問題は生じるものの、到達時分が大幅に増加することが基本的にはない。

利用者に対して発着時刻を明示し、事故・災害がない限り365日ダイヤ通りの時刻で運転されている。このことは利用者にとって暗黙の了解といってもよい程の期待感があり、鉄道輸送サービスの基礎をなしている。

事業者から見た列車ダイヤ

列車ダイヤは利用者に対する鉄道の商品カタログであるとともに、事業者内においては作業体制を決める条件ともなる。

最も列車ダイヤに連動しているのが、運転士、車掌などの乗務員である。駅の社員も列車の運転頻度や初電、終電の時刻などにより配置要員、勤務などが決定される。また、車両、地上設備の保守関係の社員もダイヤによって作業時間などに影響を受けている。従って、ダイヤ改正の時期に合わせて現業部門の体制変更を行うケースは多い。

また、ダイヤ改正は、単に列車の時刻のみならず、新商品の発売開始という面から、営業制度や販売体制を変更する契機ともなり、鉄道経営における重要な意義を持つものである。

第2章　輸送需要に基づく列車ダイヤ編成

輸送量を表す様々な指標

列車ダイヤの計画を始めるにあたっての重要な要素は、実際の利用人員がどの程度あるか、新しい施策によりどのように変化するかという需要予測である。

利用者数は、測定の仕方によっていくつかの種類によって表すことができる。

国鉄時代から続けられているものは、乗車券、定期券の発売実績による方法、列車への乗車人員を目視で調べる方法、利用者の協力のもと調査票を配布、収集する方法などがある。最近では自動改札機の入出場情報からとる方法もある。また、変わったところでは車両の乗車人員測定装置というものがある。通勤用車両には乗車人員によりブレーキ力を調整するために応荷重装置というものが取り付けられているが、この荷重を乗車人員に換算している。おのおのの指標は2-2(表)に示すような特徴を持っている。

指標の絶対値、年度ごとの増減率などを調査し、輸送力の過不足、列車の使命を果たしているか、失っているかなどの分析を行い、輸送計画に反映させている。また、輸送計画を実現させるために必要となる設備改良計画

2-1　TIMS車上モニター

2-2 輸送量を表す指標

指　標	手法・特徴
発売実績データ	駅で発売した乗車券や特急券などの枚数を月別、路線別に集計したもので、駅単独の乗車人員や一定区間の通過人員を求める際に使用する。連絡運輸の乗車券が発券されている場合は、その枚数も把握することができる。なお、発券枚数の集計であるので、品川～横浜間のように複数の路線が並行する区間では、線区ごとに数値を出すことができない。
列車乗車人員（目視）調査データ	調査区間の始端駅もしくは終端駅にて、調査員が対象列車の乗車人員を目視で確認し集計する方法で、列車ごとの乗車人員や時間帯別の乗車人員を求める際に使用する。列車単独の乗車人員を出すことが可能であるが、目視調査であるので、調査員によって数値にばらつきが出やすい。
アンケート調査票（質的調査）データ	対象列車に乗車している利用者にアンケート用紙を配布、回収し、乗車区間や乗換線区、利用目的、年齢層などの属性を把握する。この手法は利用実態の質的な調査である。
特急列車等OD調査データ	特急列車に乗車している利用者の発駅（origin）と着駅（destination）を調査するもので、降車駅に集まった特急券を回収して集計するとともに、特急券の発売実績も利用してデータを精査する。この手法では、特急列車の列車別、年度別の乗車人員推移などを求めることができる。
自動改札ODデータ	自動改札を通過した乗車券の発駅、着駅などのデータを集計したもので、2駅間の流動をほぼ正確に把握することができる。なお、乗車券の集計であるので、複数の路線が並行する区間では、線区ごとに数値を出すことができない。
応荷重装置を利用した号車別乗車人員データ	車両の空気バネにかかった重さを車両別、区間別に集計し乗車人員を求める方法。列車別に、かつ号車別に求めることができるため、編成内の乗車人員の偏りを把握することも可能である。ただし、体重を定数としているため、実際の乗車人員とは若干の誤差が生じる。

や要員の配置計画などに対しても、基礎となる重要な情報を提供していくことになる。

需要の予測

　輸送需要は時間、空間および内容など様々な要因により変化する。
　時間的な変化とは、1日の中の時間帯による変化、曜日による変化、季節による変化、年単位の変化などである。通勤線区の平日の時間的変化は、一般的に都市中心部への通勤・通学が集中する朝のラッシュ時間帯と夕方から夜間にかけての帰宅時間帯にピークを迎える。土曜日、休日になると目立つピークは少なく、終日平均的な輸送量を示す場合が多い。週休2日制が普及した現代は、金曜日に単身赴任者の帰宅のために新幹線などが混雑し、翌週月曜日にはその反対向きの輸送が増加するいわゆる「金帰月来」のニーズがある。また、年単位の変化は、最も共通性のある条件の下で比較し変化を読み取る。

　空間的な変化とは、1線区の中で区間ごとにどのように需要が変化するか、また、それが時間的にどのように変化するかである。例えば、A駅—B駅—C駅という線区があり、朝の通勤時間帯のA駅・B駅間の輸送量100に対してB駅・C駅間が70となっているとすると、この70%という比率を目安にして区間ごとの輸送力を計画する。しかし、日中帯にはA駅・B駅間が60、B駅・C駅間30であるすると、比率は50%となる。実際のダイヤは駅間ごとの運転間隔の確保や折り返し駅の位置などこれ以外の条件も含めて決まってくるものであるが、空間的、時間的な需要変化を把握することが検討のベースになる。

　さらに利用者の目的、定期・定期外の区分、列車の種別、指定席・自由席別など内容の調査、分析（質的調査と呼んでいる）を行う。

競争環境の中の列車ダイヤ

鉄道事業は、線区ごとに一定の沿線地域を抱えており、さほど競争が激しくないように思われがちであるが、他の交通機関と様々なシーンで競争環境に置かれている。

利便性をマイカーと比較すると、駅までのアクセスと乗り換えが必要、発車時刻が規制されるというデメリットがある。反面、ダイヤに乱れがない限り自動車のように渋滞に巻き込まれて到着がいつになるのかわからないということはない。

到達時間を航空機と比較すると、空港は一般的に鉄道の駅と比べて都市の中心から離れている分アクセスに時間を要し、また、搭乗までの時間も考慮する必要がある。これらを加えても国内航路の場合、飛行時間自体は1～1.5時間であるため、到達時間による競争力は3～4時間を境にして鉄道に有利から航空機に有利かに分かれる。

鉄道で3～4時間程度かかる東北主要都市と東京の間における航

区　間	鉄道到達時分	鉄道対航空機シェア	(想定)航空機到達時分
東京～新青森 (羽田～青森)	2:59	JR / Air	3:08
東京～八戸 (羽田～三沢)	2:44	JR / Air	3:18
東京～秋田 (羽田～秋田・大館能代)	3:37	JR / Air	2:53
東京～酒田 (羽田～庄内)	3:53	JR / Air	2:58

2-3　東京対東北主要都市の到達時分・シェア

注）航空機到達時分には、空港とJR駅間の平均的なアクセス時分を加えてある。
　　到達時分は平成27(2015)年3月現在、シェアは平成26(2014)年度実績。
　　区間の欄（　）は空港名。

空機とのシェアを2-3(図)に示す。

　平成4(1992)年7月に開業した山形新幹線は、従来福島の乗り換えを含めて3時間09分だったものが、直通で2時間27分(当時の最速達列車)に短縮されたことにより、鉄道が圧倒的に優位になり以前5往復あった航空機の東京〜山形間の定期便は廃止にまで至った(現在は2往復運行されている)。同様に東京〜秋田間を直通で結ぶことになった平成9年3月開業の秋田新幹線の場合、以前の4時間37分から3時間49分に短縮され、いったん航空機に逆転されていたシェアを再逆転した。しかし、4時間前後の場合は競争力が拮抗し、航空機の増便や早期購入による運賃割引等により、鉄道の利用が減少に転ずるなど熾烈さを極めている。

　特に東京〜秋田間のように平常時と多客期の差が大きい場合、いかに多客期に列車を増発できるかが重要であり、このため、「こまち」用の車両を増備し、多客期の増発を行っている(2-4(写真))。

　また、「こまち」運行区間のうち盛岡〜秋田間は在来線の狭軌を標準軌に改良した区間であり一部を除き単線である。このため、ダイヤ作成上の自由度が小さく有効時間帯に臨時列車を運転しようとしても、運転時分が延びてしまうという問題がある。平成14(2002)年12月の八戸開業に合わせて、羽後境という駅に行き違い設備を設け、これらの問題に対する一定の解決を図った。

　一方、100〜300kmの区間では高速バスとの競争が熾烈である。バスは輸送単位が小さいことから鉄道に比べて

2-4　秋田新幹線「こまち」

輸送力をフレキシブルに調整できる。また、競争力を十分意識した料金設定がなされており、JRの並行路線の特急列車等では輸送量が減少傾向を示している。高速バスは鉄道と比較して輸送力の単位が小さく、定時運行性が劣る一方で、価格や波動対応力の柔軟性等で優れている。重要な条件である到達時分は鉄道路線と高速道路等の道路事情によって様々である。鉄道優位の状況を保つためには到達時分の短縮を図ることは有効な方法である。ただし、個々の線区における営業戦略は費用対効果など経営としての観点で立てられる必要がある。

首都圏では、最近地下鉄など鉄道路線の新規開業が続いている。既設路線の混雑緩和効果とともに、事業者間の競争激化が見込まれる。また、競争の結果サービス向上など利用者にとってはメリットが生じる。

JR東日本では横浜と新宿副都心とのアクセスに注目し、平成13(2001)年12月に横浜と新宿と大宮を直通する「湘南新宿ライン」の運行を開始し、平成16(2004)年10月には朝夕通勤時を含む64往復の運転となった。関連する他社線では東京メトロ南北線と東急目黒線の相互直通運転が平成12(2000)年に開始され、また、池袋、新宿、渋谷を経由する東京メトロ副都心線と東武東上線、西武有楽町線・池袋線との相互直通運転が平成20(2008)年6月に開始された。さらに平成25(2013)年3月より渋谷駅で東急東横線との相互直通運転を開始している。湘南新宿ラインの運転開始に先立つ平成13(2001)年3月、東急電鉄は東横線の特急電車の運転を開始した。また、小田急電鉄も平成14(2002)年3月から「湘南急行」「多摩急行」の運転を開始する(現在は「快速急行」「多摩急行」に変更されている)など競争が活発になった。

第3章　鉄道輸送におけるダイヤの意義

列車の種類

列車はその使命や目的によって区分される。**3-1**(表)に列車の区分を示した。

旅客列車は、動力方式によって客車列車、電車列車、気動車列車に分類される。JR東日本が運行する旅客列車は1日当たり約14,000本であるがそのほとんどは新幹線を含めて電車列車である。また、さらにそれぞれ特急、急行、普通、回送という種別に分類されている。

また、もう1つの区分として運転期間によるものがある。年間を通して毎日運転される定期列車と必要に応じて運転される季節列車、臨時列車がある。なお、首都圏の通勤線区などでは平日と土曜日・休日別にダイヤを設けているケースもあり、このような場合は定期列車であっても曜日によってダイヤは異なっている。曜日別ダイヤを設けている線区を**3-2**(表)に示した。

ダイヤの読み方

横軸に時間、縦軸に位置(駅)を表していることから列車ダイヤでは、列車の運行に関する様々な情報を読み取ることができる。

・何列車が現在どこを走っているのか

・前後の列車間隔はどのくらいか

・追い越しや接続がどのようになっているのか

また、計画作業や運転整理でダイヤを変更しようとする場合に

・列車増発の余裕がどのくらいあるのか

3-1 列車の区分

列車の区分		列車の種類	列車の組成方および運転の目的
旅客列車	客車列車	特別急行客車列車 普通急行客車列車 普通客車列車 回送客車列車	機関車によって牽引される客車で組成した列車
	電車列車	特別急行電車列車 普通急行電車列車 普通電車列車 回送電車列車	モーターにより自力で走る列車および付随車・制御車等の電車で組成した列車
	気動車列車	特別急行気動車列車 普通急行気動車列車 普通気動車列車 回送気動車列車	内燃機関（ディーゼルエンジン）を原動機とする気動車で組成した列車
荷物列車	荷物電車列車	荷物電車列車	荷物車のみで組成された荷物輸送専用列車（JR東日本内では、千葉支社内で運転されているのみ）
特殊列車	お召し列車		天皇陛下、皇后陛下および皇太后陛下の御乗用列車として特別に運転する臨時列車
	御乗用列車		天皇陛下、皇后陛下および皇太后陛下の御乗用列車として運転するお召し列車以外の列車
	試運転列車	試運転電車列車 試運転気動車列車など	新製または定期検査および乗務員の訓練のために運転する列車
	工事列車		工事材料、作業員などを輸送するために運転する列車
	排雪列車		本線および停車場などの積雪を排雪するために運転する列車
	配給列車		事業上必要な物品を部内の関係機関に配給するために運転する列車
	救援列車		事故復旧に使うための復旧器具や材料などの輸送および故障した列車を牽引するために運転する列車
単行機関車列車		機関車単独で運転する列車	
貨物列車	高速貨物列車	高速貨物列車A 高速貨物列車B 高速貨物列車C	
	専用貨物列車	専用貨物列車A 専用貨物列車B	

3-2 曜日別ダイヤ採用線区（首都圏）

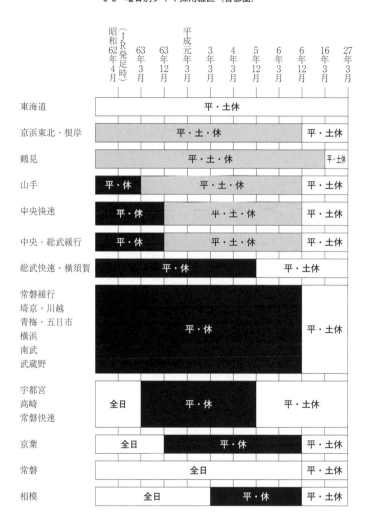

注）「全日」とは、平日、土曜、休日が同一のダイヤであることを示す。

・どこで追い越しや折り返しなどができるのか

あるいは、工事や保守作業で

・どのくらいの時間が確保できるのか

などである。

列車番号のつけ方

列車を区別するためにつける名前が列車番号である。列車番号の付け方には次のようなルールがある。

① 始発駅から終着駅まで同じ番号を使用する

② 1つの駅に着発する列車には、同じ番号は使用しない

③ 列車番号は記号と4桁以下の数字を使用する

④ 下り列車には奇数、上り列車は偶数を使用する

ただし、①と④の関係ではいくつか例外となるケースが生じている。

旧国鉄時代から東京から離れる方向を「下り」、東京に向かう方向を「上り」と定めていた。ところが、東京を挟んで直通する列車や挟まずとも上り線と下り線を直通する列車の場合、何らかのルールを決めなければならない。

例として古くから存在する列車としては、山手線、京浜東北線、中央総武緩行線が該当する。また、その後できたものとしては、総武快速・横須賀線、湘南新宿ラインなどがある。

在来線列車の種類別の列車番号のつけ方のルールは以下のようになっている。なお、国鉄の分割民営時には全国統一のルールであったが、貨物列車や会社間直通の旅客列車を除く個々の旅客会社に完結する列車については、会社ごとのルールが決められ全国一律ではなくなってきている。

はじめに4桁までの数字の使い方について述べる。

特急列車は2桁の数字を基本とし、同一線区で列車を分類するなどの必要に応じ千の位を加える。4桁となる場合も百の位は0とする。具体的には、

 1M 中央線下り特急スーパーあずさ1号（新宿発・松本行）
 1060M 常磐線上り特急フレッシュひたち60号（勝田発・上野行）
 3060M 東海道線上り特急スーパービュー踊り子10号（伊豆急下田発・池袋行）

などである。

　百の位は500番代は宇都宮線系統、800番代は高崎線系統の様に、普通列車の線区別や運行系統別の分類に使用される。列車の順序に従い若い番号から使用する。ト2桁の1～19までは急行列車に使用するため、普通列車は20からとなる。

　なお、例外として特急列車で百の位を0以外としているケースがある。成田エクスプレスのうち東京駅で分割・併合を行う列車の東京～新宿・池袋間は成田空港～東京～横浜・大船間の列車番号に200を加えた番号を使用しており、百の位が2となっている。

　数字の後に記号が付かないのは機関車がけん引する客車列車、Mは電車列車、Dは気動車（ディーゼルカー）列車である。なお、首都圏のE電ダイヤ（後述する）を使用する電車列車の場合は、線区別、車両運用別、列車系統別などによりMとは異なるアルファベット記号を符している。貨物列車は機関車がけん引しており、記号は付かない。この場合下2桁の1から49が旅客列車、50から99までが貨物列車として区別している。

　千の位の1から5までは運行系統の区別のために定期列車で使用される。6と7は季節列車、8と9は臨時列車に使われる。

湘南新宿ラインの列車番号（平成27(2015)年3月改正以前）

　湘南新宿ラインは東海道・横須賀線と宇都宮・高崎線を新宿経由で結んでいる。大船～大宮間での正式な路線名は大船～大崎間が東海道線、大崎～田端操車場間が山手線（貨物線）、田端操車場～大宮間が東北線（貨物線）である。東海道線の起点側が大崎、山手線の起点側も大崎であるため、通常のルールで列車番号を付けると1本の列車でありながら、大崎で偶数から奇数に変わるような付け方をしなければならない。横須賀・総武快速線も起点の東京駅を挟んで直通運転を行っているが、東京駅で偶数から奇数に変わるような番号の付け方を行っている（**3-3**（図））。

　しかし、湘南新宿ライン開業時点では大崎駅には停車しておらず走りながら列車番号が変わるのは取扱いに不都合が生じるし、新宿

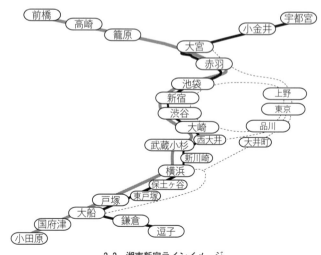

3-3　湘南新宿ラインイメージ

で奇数、偶数を切り替えた場合池袋〜大崎間の同じ線路を走っている埼京線が新宿を挟んでも１つの列車番号であることとの関連で煩雑さが生じる。また、東海道線側と東北線側のいずれかの列車番号に揃えると、反対側では上り列車に混じって奇数番号が交じり合いわかりにくいという問題が生じる。

　湘南新宿ラインとして直通する４線区のうち横須賀線を除く東海道、宇都宮、高崎線は、後述するM電ダイヤを採用しており、通常、列車番号の数字の後に付ける記号(末尾記号)は電車列車を表す「M」であるが、湘南新宿ラインはこの末尾記号で運転方向を表すことにした。具体的には大船方面から大宮方面に向かう列車(北行)にE、大宮方面から大船方面に向かう列車(南行)にYを付けることにした。

　運転方向を末尾記号で表してしまうと、上り下り別を奇数偶数で表す必要はなくなる。そのため４桁の数字の１の位の数字をすべて０とした。４桁の数字が実質３桁しか使えなくなるが、行き先の線区を分類しながら番号をつけても数字が足りるため、3-4(表)のように決めた。

3-4　湘南新宿ラインの列車番号（平日）

(平成24年３月現在)

運行系統	北　行	南　行
宇都宮線（普通）〜横須賀線	1600E〜	1100Y〜
高崎線（普通）〜東海道線	2600E〜	2100Y〜
高崎線（快速）〜東海道線（快速） ※特別快速	3600E〜	3100Y〜
宇都宮線（快速）〜横須賀線	4600E〜	4100Y〜

上野東京ラインの列車番号(平成27(2015)年3月改正以降)

平成27(2015)年3月の上野東京ライン開業に合わせて、これまで、東京・上野駅で相互に折返しを行っていた列車を相互直通運転させることから列車番号の見直しを行うこととした。当初は、境界駅となる東京駅で列車番号を変更する案も検討したが、既に直通運転を開始していた湘南新宿ラインにおける通し列番(始発駅から終着駅まで同一列番で運転)が、列車の状況把握や情報伝達に有効であることから、上野東京ラインにおいても通し列番にすることとした。

列車番号の末尾記号については、システムの都合上、既に使用実績のある「E」「Y」を使用することとし、上野東京ラインを「E」、湘南新宿ラインを「Y」とした。(**3-5**(表))

3-5 上野東京ライン開業後の直通列車の列車番号

線区	方向	列車番号 開業前	列車番号 開業後	付記
上野東京ライン	北行	―	○○E(偶数)	常磐線を除く
		―	○○M(奇数) ○○H(奇数)	常磐線のみ
	南行	―	○○E(奇数)	常磐線を除く
		―	○○M(偶数) ○○H(偶数)	常磐線のみ
湘南新宿ライン	北行	○○E(偶数)	○○Y(偶数)	
	南行	○○Y(偶数)	○○Y(奇数)	

営業用の列車名と列車番号との関係

列車番号は前述したように数字と記号の組み合わせで表されるが、「はやぶさ19号」など特急列車などの列車名中の番号は、列車番号

の下3桁を使用するなど関連付けをしながら、わかりやすさを目指している。「はやぶさ19号」は東京発新函館北斗行きの東北・北海道新幹線の列車で列車番号は3019Bである。

3-6　成田エクスプレス

秋田新幹線「こまち」は、東京〜盛岡間を「はやぶさ」と連結して走行し、盛岡駅で分割・併合を行っている。営業上は全区間で例えば「はやぶさ19号」「こまち19号」となっているが、運転上は東京〜盛岡間は3019Bという1本の列車で、盛岡で分かれてから「はやぶさ19号」の方は引き続き新函館北斗まで3019B、「こまち19号」の方は盛岡〜秋田間で3019Mに変わる。行き先が異なっていても連結されている状態では、ダイヤ上は1つの列車として扱わなければならないこと。一方、盛岡で分かれてからは、別の番号とせざるを得ないこと。また、営業上は、東京〜秋田が直通していることをわかりやすく表したいことからこのようになっている。

「成田エクスプレス」（3-6(写真)）は、東京〜成田空港間を最速53分で結ぶサービスであるが、成田空港行きは新宿方面と横浜方面から来た列車が東京駅で連結され、1本の列車になる。帰りは分割され、新宿方面と横浜方面に分かれていく。例えば、大船11時10分発「成田エクスプレス23号」（列車番号2023M）は東京駅で新宿から来た「成田エクスプレス23号」（列車番号2223M）と併合され、成田空港へ向かう。併合した列車は、大船からの列車番号2023Mを成田空港まで使用する。東京〜新宿・池袋間は東京駅で分割・併合のない

ものも含めて200を加えた数字を使用し、東京～成田空港間は、東京～新宿・池袋間の列車番号の数字から200を引いた数字を使用している。これは東京駅分割・併合時における乗務員の作業軽減等（通告伝達システム導入および運転台の列車番号書き換え作業等）のために平成24(2012)年3月17日のダイヤ改正より見直したものである。

　常磐線は現在ではほぼ30分に1本の間隔で特急列車が運転されている。JR発足時点で車両は485系であったが、経年による老朽化から新車への取替えを実施した。651系交直流特急電車はJR東日本として初の新設計特急形車両であり、最高速度130km/hなど新機軸が打ち出された。651系には「スーパーひたち」という愛称が付けられ、1時間に1本の速達タイプの列車（上野～水戸間で2駅程度の停車）に投入された。投入当時「スーパーひたち」は、1001M以降の列車番号とし、列車名は下2桁の数字により「スーパーひたち1号」などとした。一方、485系による一般の「ひたち」には1051M以降の列車番号とし、列車名は下2桁に50を加えた「ひたち101号」とした。平成10(1998)年以降、一般の「ひたち」にもE653系交直流特急電車を投入した。E653系は上野～水戸・高萩間を運行する停車駅の多いタイプの列車に投入し、新車を強調するため「フレッシュひたち」という愛称にした。その際、新車への置き換えを機会に運転順序がわかりやすいように工夫をすることとした。具体的には、列車番号と営業上の列車名の下2桁を共通かつ運転順序により下り奇数、上り偶数それぞれの通し番号とし、列車番号の千の位を愛称による分類とした。651系の「スーパーひたち」を「0番代」に、E653系による「フレッシュひたち」を1000番代に、従来の485系による「ひたち」を3000番代とした。この結果、上野駅の発車順でみると「スーパーひたち3号」「フレッシュひたち5号」「スー

パーひたち7号」「フレッシュひたち9号」となった。なお、485系特急電車は、1998(平成10)年までに置き換えが完了し、「スーパーひたち」、「フレッシュひたち」のみとなった。平成24(2012)年3月17日のダイヤ改正より、651系、E653系の後継車として「スーパーひたち」、「フレッシュひたち」に新車のE657系(10両編成)の投入を開始した。しかし、常磐線は平成23(2011)年3月11日の東日本大震災と大津波、並びに福島第一原発放射能汚染の影響により、広野〜原ノ町、相馬〜亘理間が不通となっていたため、特急列車は上野〜いわき間の輸送体系とし、列車番号は「スーパーひたち」が「0番代」、「フレッシュひたち」は1000番代と2000番代とし、2000番代はグリーン車付きのE657系、1000番代はグリーン車のないE653系とした。平成27(2015)年3月14日ダイヤ改正での上野東京ライン開業より、「スーパーひたち」を「ひたち」、「フレッシュひたち」を「ときわ」に列車名を変更した。これに合わせて品川駅発着列車を1000番代、上野駅発着列車を2000番代とし、「ときわ」は50番代以降の数値を付与している。

　中央線もE351系による「スーパーあずさ」とE257系による「あずさ」「かいじ」の2系統となっているが、「あずさ」は50番代以降、「かいじ」は3000番代を付与することにより使い分けをしている。

　近年、新在直通運転をはじめ複数の線区を直通する列車が増えてきたことと、それらがコンピュータによって運行管理されていることから、列車番号のつけ方には様々な工夫が必要となっている。

ダイヤの種類と用途

　列車の運転計画を表すものがダイヤグラムであるが、様々な種類がある。

列車ダイヤは「列車運行図表」と呼ばれ、縦軸の位置座標、横軸の時間座標を用いて列車の軌跡を1本の線で表すものである。一方、縦軸・横軸の関係は同じながら、主に折り返しや分割・併合など車両の使用方法を表すことを目的としている「車両運用図表」や乗務員の乗務列車順序を表した「乗務員行路表」や駅の「構内作業ダイヤ」もダイヤの仲間である。

列車ダイヤの基礎

列車ダイヤは、列車運行の設計図と呼ぶべきものであり、ダイヤ改正の計画作業、臨時列車の設定作業、運転整理などの輸送管理を行うために欠かせない。

列車ダイヤは、時間変化に伴う列車の位置の変化を表している。横方向に左から右に向かって時間が変化していく。また、縦方向が位置(距離)を示しており、駅の場所に横線が引いてある(停車場線、または駅線と呼ぶ)。列車ごとの時間と位置の推移を表す斜めの線を列車線というが、通常「スジ」と呼ばれている。

鉄道には単線区間と複線区間とがあるが、ダイヤの表し方の基本については大きく変わらない。しかし、決定的な違いは、単線区間では駅と駅の中間では列車がすれ違うことができないため、隣合う交換駅(列車の交換ができる駅)の間では下りと上りの列車のスジが交差することがないことである。複線区間では信号機を増設するなどにより同一方向への列車同士の運転間隔(続行時隔)を短縮し列車を増発することが可能であるが、単線区間は交換できる駅間の運転時分が運転間隔を制約するため、増発の余地は極めて少ない(時間帯により上り方向を優先して設定するなどの方法はあるが、その分下りの本数を減らさざるを得なくなる)。交換駅間の運転時分の長短は列車ダイヤの駅線の間隔を見ると一目瞭然であり、最も長い駅

間が列車増発のネックとなり単線区間における増発や到達時分短縮を検討する場合の材料となる。

記事							
始発停車場				高崎			
下り 列車種別	電	電	電	電	電	電	電
列車番号	1449M	855M	857M	3160Y	465M	859M	861M
速度種別 停車場名	停電A12	停電A1	停電B6	通電A21	停電A30	停電B6	停電B6 小田原から 停電A1
東 京		16:53 ⁷	17:00 ⁸			17:08 ⁷	17:16 ⁸
新 橋		55 45 / 56 15	02 45 / 03 15			10 45 / 11 15	19 / 19 30
品 川		17:01 / 17:02	17:08 15 / 17:09			17:16 / 17:17	17:24 30 / 17:25 30
川 崎		10 30 / 11	17 30 / 18			25 30 / 26	34 / 34 30
鶴 見		... / 13 45	... / 21			... / 28 45	... / 37 15
横 浜		17:19 / 17:20	17:26 / 17:26 45			17:34 / 17:35	17:42 30 / 17:43 30
戸 塚		30 / 30 30	36 15 / 36 45	17:40 / 17:40 30		44 30 / 45	53 / 53 30
大 船		17:35 30 / 17:36 30	17:41 45 / 17:42 45	17:46 / 17:47		17:50 / 17:51	17:58 30 / 17:59 30
藤 沢		41 / 41 30	46 30 / 47	51 / 51 30		56 / 56 30	18:04 / 04 30
辻 堂		44 45 / 45 15	50 15 / 50 45	‖		59 45 / 18:00 15	08 / 08 30
茅ケ崎		48 30 / 49	54 / 54 30	57 / 57 30		03 30 / 04	12 / 12 30
平 塚		17:53 30 / 17:54	18:00 ⁶ / 18:04 45	18:02 / 18:02 30		18:09 30 ⁶ / = ²	18:17 / 18:17 30
大 磯		57 30 / 58	08 30 / 09	‖			21 / 21 30
二 宮		18:02 30 / 03	14 / 14 30	‖			26 / 26 30
国府津		18:07 ² / 18:08	18:19 / 18:20	18:12 / 18:13			18:30 30 / 18:31 30
鴨 宮		11 15 / 11 45	23 / 23 30	‖			34 30 / 35
小田原		18:15 30 ⁶ / =	18:26 30 / 18:27	18:18 30 ⁶ / =			18:38 / 18:39
早 川			29 30 / 30				41 15 / 41 45
根府川			34 30 / 35				46 / 46 45
真 鶴			40 / 40 30				51 15 / 51 45
湯河原			44 / 44 30				55 / 55 30
熱 海		18:37 30 ⁶ / = ¹	18:51 / =		18:54 ⁷ / =		19:02 / =
来 宮		... / 39 30			... / 55 45		
函 南		18:45 45 / 18:46 15			19:01 30 / 19:02		
終着停車場	静 岡				浜 松		

3-7 列車運転時刻表

列車ダイヤの種類

ダイヤには時間の目盛によって1分目ダイヤ、2分目ダイヤ、1時間目ダイヤなどがある。

2分目ダイヤは最も一般的であり、ダイヤの横軸(時間軸)の目盛が2分で、すべての駅の到着、発車、通過時刻を表示してある。2分目ダイヤを使用している線区では、列車ダイヤとは別に列車運転時刻表がある。これは市販の時刻表とは異なり、列車種別、列車番号、速度種別などの列車運転上の基本的な事項と各駅の秒単位まですべての到着時刻、発車時刻、通過時刻、発着番線が記入されており、列車運転の最も基本となるものである。また、時刻以外の運転の取扱いについての記載がある(**3-7**(写真))。

1分目ダイヤ(**3-8**(写真))は、首都圏の電車区間などで使用されている。このダイヤの「頭書き」と呼ぶ部分には運転取扱いの決まり(列車種別ごとの停車駅など)が記載されている。1分目ダイヤを採用している線区、列車はダイヤが運転のすべての基本となっており、列車運転時刻表は作成していない。また、時刻が示されているのは一部の駅のみである。「頭書き」に各駅間の標準運転時分と停車時分が記載されており、ダイヤに表記のない駅間では標準の時分に合わせて運転することにしている。時刻表示(｜、「などのマーク…通常「ポツ」と呼んでいる)のある駅でも通常は発車時刻のみで、到着時刻は停車時分を引いた時刻になる。一部マークが2つ付いている駅があるが、これは標準の停車時分以上に停車することを表している。その理由は、次の駅での競合調整、接続の調整、乗務員の乗り継ぎを確保するなどのためである。

細かい話になるが、1分目ダイヤの表記はかつて到着時刻を表記する「着定時ダイヤ」であった。到着時刻にマーク(ポツ)を付け、

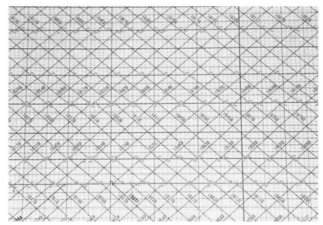

3-8　1分目ダイヤ

その駅の停車時分を加えた時刻に発車するというものである。しかし、平成8 (1996) 年12月に使用開始した東京圏輸送管理システム (ATOS) で、信号制御のタイミングを決めるために発車時刻をダイヤに表示する必要が生じたため、現在の「発定時ダイヤ」に改められた。

なお、1時間目ダイヤは、広い範囲での列車ダイヤを俯瞰し、大まかな計画や運転整理を行う際に使用している。

E電ダイヤ

JR東日本発足直後に首都圏の電車(国鉄時代に国電と呼ばれていた比較的近距離の電車列車)の愛称をE電と決めたが、様々な議論を引き起こした後、利用者やマスコミからは使われなくなった。しかし、運転時刻表を作成しない電車区間の1分目ダイヤを指す場合、「E電ダイヤ」と俗称し社内では重宝している。なお、それ以外のダイヤは「M電ダイヤ」と呼び分けている。

3-9 E電ダイヤの列車番号

線区（運行系統・通常使用する名称）	正式な線区名	列車の種類	記　号	番号（奇数・偶数）の付け方
山手線	東京～品川　東海道線　品川～田端　山手線　田端～東京　東北線	普通	G	外回り（東京⇒大崎⇒池袋⇒東京）が奇数　※田端～東京は上りが奇数
京浜東北・根岸線	大宮～東京　東北線　東京～横浜　東海道線　横浜～大船　根岸線	普通・快速	A、B、C	南行（大宮⇒大船）が奇数　※大宮～東京は上りが奇数
中央快速線	東京～高尾　中央線	普通・快速・特別快速・通勤快速・通勤特快	H　6両＋4両の編成　T　10両固定編成	下り（東京⇒高尾）が奇数
中央・総武緩行線	千葉～御茶ノ水　総武線　御茶ノ水～三鷹　中央線	普通	B、C	千葉⇒三鷹が奇数　※千葉～御茶ノ水は上りが奇数
中央・総武緩行線（東京メトロ東西線相互直通電車）	同上　運転区間は中野～三鷹（毎日終日）、西船橋～津田沼（平日朝夕のみ）	普通・快速（東西線内）	Y　東西線内各駅停車　A　東西線内快速　東京メトロ線内では車両所属によりK（JR）、S（メトロ）となる	同上
横須賀・総武快速線	千葉～東京　総武線　東京～大船　東海道線　大船～久里浜　横須賀線	普通・快速・通勤快速	S　横須賀線内　F　総武線内　H　逗子～久里浜間の短編成列車	下り（東京⇒久里浜、東京⇒千葉）が奇数　※東京を直通する際、記号と番号（偶数から奇数に）が変わる
埼京・川越線	大崎～池袋　山手線　池袋～赤羽　赤羽線　赤羽～大宮　東北線　大宮～川越　川越線	普通・快速・通勤快速	K　普通　F　快速　S　通勤快速	下り（大崎⇒川越）が奇数

路線	区間	種別	記号	下り/奇数
八高・川越線	川越〜高麗川 川越線 高麗川〜八王子 八高線	普通	H　川越線内 E　八高線内	下り(川越⇒高麗川、八王子⇒高麗川)が奇数 ※高麗川を直通する場合、記号と番号(偶数から奇数に)が変わる
常磐快速線	上野〜日暮里 東北線 日暮里〜取手 常磐線	快速	H	下り(上野⇒取手)が奇数
常磐緩行線 (東京メトロ千代田線相互直通)	綾瀬〜取手 常磐線	普通	K　JR所属車両 S　メトロ所属車両	下り(綾瀬⇒取手)が奇数
京葉線	東京〜蘇我 京葉線	普通、快速、通勤快速	Y　普通 A　快速、通勤快速	下り(東京→蘇我)が奇数
武蔵野線	府中本町〜西船橋 武蔵野線 西船橋〜東京 京葉線	普通	E	下り(府中本町⇒西船橋)が奇数
南武線	川崎〜立川 南武線	普通	F	下り(川崎⇒立川)が奇数
南武支線	浜川崎〜尻手	普通	H	下り(浜川崎⇒尻手)が奇数
横浜線	東神奈川〜八王子 横浜線 東神奈川〜横浜 東海道線 横浜〜大船 根岸線	普通・快速	K	大船⇒八王子が奇数 ※大船〜東神奈川は上りが奇数
青梅線 五日市線	立川〜奥多摩 青梅線 拝島〜武蔵五日市 五日市線	普通 中央線直通快速・特別快速・通勤特快	記号なし(通常は「デ」と呼ぶ) 中央快速線と直通する電車はH、T	下り(立川⇒奥多摩・武蔵五日市)が奇数
鶴見線	鶴見〜扇町、浅野〜海芝浦、武蔵白石〜大川	普通	記号なし(通常は「デ」と呼ぶ)	下り(鶴見⇒扇町、海芝浦、大川)が奇数
相模線	茅ヶ崎〜橋本 相模線 橋本〜八王子 横浜線	普通	F	下り(茅ヶ崎⇒橋本⇒八王子)が奇数

この「M」は電車列車を表す末尾記号である。「E電」と呼んでいる線区では、列車種別などを表すために「M」以外のアルファベットを末尾の記号に使用している(**3-9**(表))。

E電ダイヤの場合、列車番号の数字の使い方もM電ダイヤと大きく異なる。東海道線の例で示した通りM電では列車順序に従い上り下り別に若い番号から使用する。

E電の場合は、1編成が1日をとおして運行を受け持つすべての列車をまとめたものを、各編成ごとに2桁の奇数番号で整理している(以下これを運行番号という)。列車番号が奇数となる運転方向(一般的には下り)の列車はそのままこの奇数の運行番号の数字が、列車番号が偶数の運転方向(一般的には上り)の列車の場合は運行番号から1を減じた数字が、列車番号の十の位と一の位に使われる。さらに、千の位と百の位にはその列車の始発駅の発車時刻の24時間制の時間帯の数字が加えられる。

例えば、京浜東北線の23Cという運行番号を持ち、大船発大宮行(偶数方向)の15時30分に発車する列車は「1522C」となる。この列車が大宮に到着し折り返し17時31分発の大船行(奇数方)の列車は「1723C」となる。

なお、普通と快速で末尾記号を変えている線区の場合、折り返しの際に末尾記号も同時に変わるケースがある。例えば、埼京線の大宮9時49分発の上り普通916Kは、新宿到着後、折り返し10時43分発の下り快速となるが、列車番号は10時台の「10」、運行番号の「17」と快速を示す末尾「F」で1017Fとなる。

「E電」、「M電」はダイヤ表記のみならず、運転整理に関する取扱いも異なる点が多い。「E電ダイヤ」線区の乗務員はダイヤを携帯し、列車遅延による運転整理で所定以外の列車に乗務する際に、携帯しているダイヤに従って運転することになっている。これに対

して「M電ダイヤ」線区の乗務員が別の列車を担当する場合は、輸送指令や所属する乗務員区が駅を介したりして時刻表を渡す必要がある。

また、E電ダイヤでは発着時刻が示されているのは一部の駅である。しかし、案内用には各駅の時刻が必要である。このため、以前はダイヤ作成担当者が自ら作成したダイヤから各駅の時刻を計算した帳票を作成し、各駅に示していた。現在は、輸送総合システムという列車運行に関するあらゆるデータが収容されているコンピュータシステムから出力されたものを使用している。

ダイヤの実例①

はじめに比較的単純なダイヤの実例を**3-10**(写真)に示す。

南武線は、他線区との直通運転がなく、同一編成の電車が線区内を折り返し運行されている。

起点川崎から立川を結ぶ延長35.5kmの路線であり、途中23駅、このうち始発・終着のある駅は、矢向、武蔵中原、武蔵溝ノ口、登戸、稲城長沼の5駅である。

川崎駅の駅線(駅の位置を表す横の線)を見ると、線の下の時刻表示の上に「南1」と書かれているもの(※)と何も書かれていないものが交互になっている。川崎駅は南武線用ホームが1面で両側に線路が2線あり、これを「南武1番線」「南武2番線」と呼んでいる。ダイヤでは「南武2番線」の方を省略し、「南武1番線」の方のみを表記しどちらの線を使うかを表している。南武線の朝のラッシュ時間で最も列車本数が多いのは川崎駅到着7時40分頃から8時40分頃までの1時間であるが、上り列車が24本到着している。2本の線路を交互に発着することで2分30秒という短い間隔での運転を可能にしている。

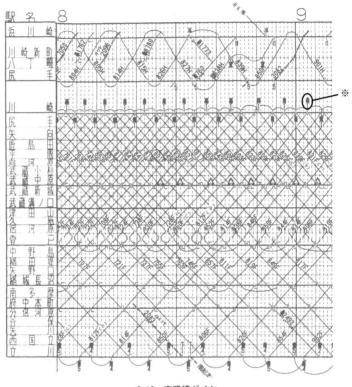

3-10 南武線ダイヤ

　駅線の上や下の弧のような線は、終着駅に到着した列車と折り返し列車を結ぶもので、リード線と呼んでいる。南武線のようなダイヤ(E電ダイヤ)では、この線をたどっていくと1本の車両の使われ方(車両運用という)がわかる。

　また、南武線は直接東京に向かう路線ではないため、多くの乗客が都心に向かう線区との乗換駅で入れ替わる傾向が強い。同時に川崎に向かって乗客が増加していくため、川崎に向けて段階的に輸送

3-11 川崎駅南武線平面図

力を増加させる必要がある。このため、終点の立川だけでなく、登戸、稲城長沼でも折り返しを行い輸送力を確保している。

ラッシュ後の輸送量の減少に合わせて10時過ぎには1時間当たり片道5～6本、10～12分間隔の運転となる。このため、川崎で折り返した列車の一部は武蔵中原など途中の駅で終着となり、電留線（電車を留置しておく側線）にしまうことになる。これを入区と呼び、ダイヤ上「△」のマークで表している。

前後するが、早朝の運転開始時に、電留線や車両基地から出てくることを出区と呼び、○のマークで表す。

ダイヤの実例②

次に、JR東日本の在来線の中でも多くの列車系統が共存し、複雑なダイヤ構成となっている埼京線のダイヤを3-12（写真）に示す。

埼京線の電車が運転されている区間を主体としつつ、埼京線と分かれて湘南新宿ラインが運転される山手貨物線池袋～田端操車場間および東北貨物線田端操車場～大宮間の線路も段を変えて表示されている。なお、湘南新宿ラインの大宮以北は宇都宮線および高崎線のダイヤに、大崎以南は横須賀線および東海道線のダイヤに記載されている。また、大崎では湘南新宿ラインが横浜方面に、東京臨海高速鉄道りんかい線が新木場方面に、また、成田エクスプレスが品

32　第3章　鉄道輸送におけるダイヤの意義

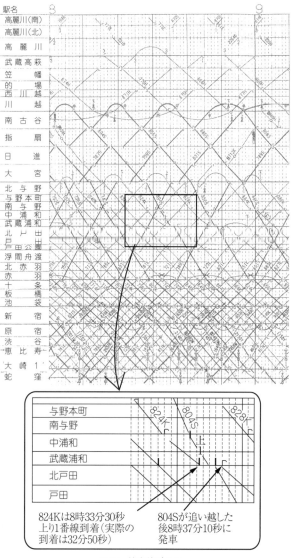

3-12　埼京線ダイヤ

川方面に分岐する。

　大宮が上下中央位にあり、その上が川越線高麗川〜大宮間、その下が埼京線大宮〜大崎間である。

　図3-12では省略したが、その下には横須賀線と山手貨物線の分岐点である目黒川信号場の駅線を挟み、東京臨海高速鉄道りんかい線大崎〜新木場間、その下に山手貨物線池袋〜田端操車場間および東北貨物線田端操車場〜大宮間が記載されている。

　また、池袋、新宿、大崎、高麗川等分岐駅の構内作業ダイヤも併記されている。

　川越線は、川越を挟んで大宮〜高麗川間の路線であるが、列車運行は川越で分離されている。川越〜高麗川間の列車は八高線高麗川〜八王子間と4両編成の電車で直通運転されている。○○○○Hと記された列車がこの4両編成の電車である。川越からは新宿、大崎、新木場へと直通運転を行っている。

　埼京線は大宮〜赤羽間で終日快速または通勤快速を運転し、ダイヤの角度が急なものが快速または通勤快速である。これらが各駅停車を追い越すのは南与野、武蔵浦和、戸田公園である。停車駅については、快速が与野本町、武蔵浦和、戸田公園、通勤快速が武蔵浦和のみである。また、武蔵浦和は2面4線のホームで快速、通勤快速と各駅停車が接続している。

　ダイヤを見ると、武蔵浦和駅で普通列車824Kが8時32分50秒(表示は標準の停車時分40秒を含む33分30秒)に上り1番線に先に到着し(時刻の上に書かれた「上1」がそれを表す)、その後通勤快速804Sが上り本線(標記は省略)に到着、乗客の乗降後36分に発車、続いて824Kが37分10秒に発車している。

　このように列車ダイヤを見ると列車相互の関係がわかる。

　また、最も輸送量が多いのは池袋〜新宿間であるが、現在ラッ

3-13 武蔵浦和駅緩急接続

シュ1時間当たり埼京線19本、湘南新宿ラインが7本の計26本となっている。湘南新宿ラインは134本すべての列車が新宿を挟んで大宮方面と大船方面を直通している。新宿では埼京線の半分弱の列車が大宮方面に向け折り返している。この他に成田エクスプレス、スーパービュー踊り子号や東海道線からの通勤ライナー(朝夕のみ)なども運転されている。

　大崎では、2面4線のホームを使用し埼京線と東京臨海高速鉄道りんかい線の直通・折り返しや湘南新宿ラインの発着が行われている。

第4章　列車設定の条件

列車設定の条件

　列車は輸送需要に基づき設定されるものであるが、実際には様々な条件によって制約される。まず、目的地間をどの程度の時間で運転するのかという運転時分は車両性能や曲線、勾配などの物理的な条件と列車設定の目的に見合う停車駅の選定などが条件となる。また、列車の種類が多数に及ぶこともあり、列車同士の関係を調整しながらダイヤを計画するが、この面でも上記の条件が関連し合う。従って、これらの条件が与えられた中でより利用者のニーズに合い、多くの利益を生じさせるダイヤの作成が求められる。

　様々な条件は予め与えられるケースもあるが、新たな列車体系を開始するときや設備改良の検討を行う場合は、どの条件を変化させるとダイヤがどのように改善されるかを様々にシミュレーションし、設備や車両の設計に反映させていくことになる。

　以下、列車設定における条件について具体的に述べることにする。

車両性能と線路条件

　鉄道車両では、車両に搭載されたモーターやエンジンなどの動力が、ギア、変速機などの動力伝達装置を介して車輪に伝えられる。加速する場合、ブレーキをかける場合に車輪からレールに与える力に対するレールからの反力によって加速、減速する。この力は鉄製車輪と鉄製レールの間に生じる摩擦力によって伝えられる（リニアモーターを動力源とした場合を除く）。この摩擦力のことを粘着力と呼んでおり、また、粘着力によって走行制御されている状態（空

※モーターが回転すると、モーターの回転軸に取り付けられた小歯車が回転し、次に小歯車とかみあっている大歯車が回転する。大歯車は、車軸と同じ回転軸(車軸)についているので、モーターの回転は車輪の回転へと伝達される。

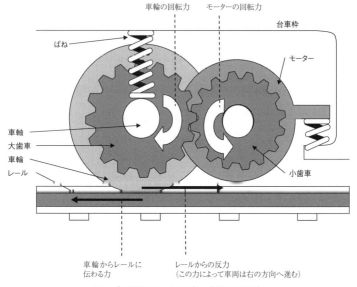

4-1 車両運行のメカニズム（動力の伝達）

転、滑走していない状態)を粘着しているなどといっている。動力の伝わり方の概略を**4-1**(図)に示した。

　自動車の走行もゴムタイヤと道路の間の摩擦力により成り立っているが、これに比べ鉄と鉄の間の摩擦係数は低いため、けん引力、ブレーキ力が高すぎると粘着が崩れて空転や滑走を起こし適切な制御ができなくなってしまう。しかし、交通機関の使命として可能な限りの時間短縮を図るためには、なるべく高い力を与えて加速・減速や高速走行の性能を上げる必要がある。

　このように、車両の運転性能は、粘着限界を上限としており、その範囲内で車両の製造コストや電力・燃料といった動力費などの総

体的な費用と効果を検討した上で計画される。

　電車の場合、車両の運転性能を決める条件は、車両の重量、乗車人員による重量、編成に組み込まれる電動車(モーター付の車両)のモーター出力の合計、制御方法、走行抵抗などである。

　また、曲線や上り下りの勾配を走行する場合、平坦な直線を走行する場合と比べていくつかの制約が加わる。まずは、曲線や上り勾配では走行を妨げようとする抵抗が増える。

　一方、曲線では遠心力が働くために乗り心地や走行の安全性確保のために速度を下げる必要がある。曲線の線路は外側の線路を少し高くして(カントと呼ばれている)、遠心力の一部を車体の下向きの力に変えるようにしてある。曲線の制限速度は曲線半径、カント量など線路側の条件によって決まるが、車両の種類によっても異なる。電車列車の場合、貨物列車より高い速度となっている。さらに電車列車でも特急車両の場合は一般車両より高い速度となっている。

　わが国は国土全体に占める山岳地の割合が高く、在来線では曲線、勾配が多く到達時分短縮の障害となっている。このため、曲線通過速度を向上させるための方法として、曲線を通過する際に線路および台車よりさらに車体を傾ける方式(振り子式)を採用している列車がある。この傾きによって、遠心力をさらに車両下向きの力に変えることで乗り心地を維持する方法である。国鉄時代から採用されている路線は、中央西線、紀勢本線、伯備線であるが、JR東日本では、1994年12月中央線の特急「スーパーあずさ」用のE351系に導入された。また、2007年7月には、東海道山陽新幹線N700系に新幹線では初めての振り子式が採用された。振り子車両は、通常の車両に比べて高い速度で曲線を通過できるようにしており、在来線の場合、半径600mを基準とした場合、本則＋15〜40km/hとなっている。

車両性能とは逆に下り勾配の場合は、速度超過を防ぐ目的で速度制限を設けている。また、分岐器も曲線と同様に分岐の角度に応じた速度制限を設けている。45km/h以下や60km/h以下などが一般的である。

　このため、同じ駅への進入であっても、分岐器の直線側の線路に到着する場合と分岐側の場合では速度を変える必要がある。また、同じ直線側に進入する場合でも終着駅のため出発信号機(駅から出発する際に確認する信号機)が停止信号の場合には、場内信号機(駅に進入する際に確認する信号機)が注意信号などとなり、進行信号の場合と異なる。

　線区、区間ごとにこれら車両の性能、線路の条件、信号の条件を与えて計算するのが、次に説明する運転曲線(ランカーブとも呼ぶ)であり、列車ダイヤ作りの最もベースとなる駅間ごとの運転時分の根拠となるものである。

運転曲線による運転時分の算出

　列車ダイヤを作成する上で最も基礎になる運転時分を算出するには複雑な計算を要するため、かつては専用の手回し計算機が使用されていた。現在はコンピュータによって計算され表形式、グラフ形式で表示される。

　計算に必要な条件は、車両では力行ノッチ(加速の強さ)別の加速度の変化等、地上設備では勾配、カーブ等走行抵抗への影響因子と運転上の制限速度等である。これらの条件に負荷として利用者の乗車率の条件を加え、距離と速度、時間の関係の計算結果を表したグラフを運転曲線という。運転曲線の例を**4-2**(図)に示した。

　速度・距離曲線(①)のY座標は速度を表している。A駅を発車後力行により速度が向上していく。アに達したところで曲線制限があ

運転曲線による運転時分の算出

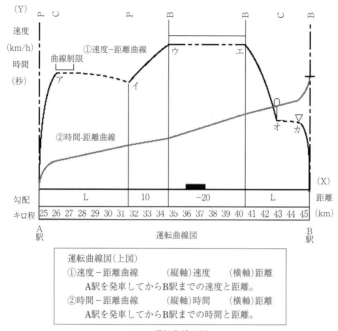

4-2 運転曲線の例

るため、ノッチをオフにしてしばらく惰行運転となる。

イから再力行するが、1000分の10の上り勾配(1000mで10m上る)のため、速度の上がり方が緩やかである。

ウで線区の最高速度に達するためノッチオフするとともに、1000分の20の下り勾配となるため抑速ブレーキ(電気的な接続を切り換えモーターを発電機として働かせブレーキ力を生じさせることにより下り勾配を一定の速度を保ちながら走行する仕組み)をかける。

エからはB駅の場内信号機オの制限速度以下となるようにブレーキをかける。オを通過する際に一旦ブレーキを緩め、カからは停止位置に合わせてブレーキをかけB駅に到着する。

時間・距離曲線(②)のY座標はA駅発車時からの時間を表している。従って、B駅のY座標がA・B駅間の運転時分を表している。

　このようにして、計算された駅間の運転時分を実際の走行による運転時分と比較し修正を加えた上で基準運転時分に決めている。

　ところで、鉄道は自動車に比べ摩擦が少ないことが加速・減速の制御をしにくくしている反面、エネルギーロスが少ないというメリットにもなる。自動車の場合、停車直前や急な下り坂でのエンジンブレーキを除くと常にアクセルを踏んで運転している。しかし、鉄道の場合、運転中の時間の中で力行（アクセルを踏んだ状態）が占めるのは、駅間が短く頻繁に加速、減速を繰り返す山手線の電車の場合45％程度である。

到達時分短縮の方法と効果

　列車の到達時分を短縮するためには、最高速度の向上、曲線制限速度の向上、加減速性能の向上などが必要となるが、このための車両や地上設備に対する投資が短縮による増収効果などによって回収できるかを検討することになる。一方、ダイヤ構成上停車駅の少ない特急列車や快速列車を運転するなどによって到達時分を短縮することもあるが、この場合は通過となる駅の利便性が著しく低下しないような配慮が必要である。

　曲線の制限速度を解消するために線路を引き直し、曲線をなくすか緩やかにするという方法もある。新幹線はその究極の方法といえるが、この方法は在来線であっても用地を取得することから始めて、膨大な労力、資金、時間を要することになる。そこで国鉄時代から曲線の多い在来線区間に採用されてきたのが、線路には大きな投資をせずに曲線通過速度の向上を図る方法である。

　この場合、通過速度が高くなることによって車輪がレールを外側

に押す力(横圧)が強くなることに対して、レールを強くする必要があるかどうかを見極める必要がある。また、曲線通過時には曲線の外側に遠心力が働き乗り心地の低下を招く。これを防ぐために、カント(曲線外側のレールを高くすること)を変更したり、多くの場合では前述した通り振り子式車両が採用されてきた。

運転間隔短縮の方法と効果

ラッシュ時の混雑緩和のために列車を増発するためには、列車の運転間隔を短縮する必要がある。

列車と列車の衝突を防ぐために大部分の鉄道では閉そくを使用している。線路を一定の間隔で仕切った閉そく区間には1本しか列車を入れないという原則によって安全を確保しているものである。

一方、閉そく区間の長さは列車の運転間隔を制約している。

4-3(図)の上の信号機間隔に比べて下のものは列車の運転間隔を

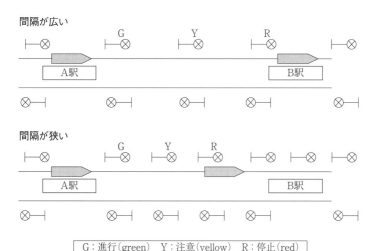

4-3 列車運転間隔 (信号機間隔)

4-4 最小運転間隔短縮と列車増発の推移

線区	会社発足時(1987年) 最小運転間隔	会社発足時(1987年) ピーク1時間本数	最小運転間隔短縮の工事概要	現在(2014年) 最小運転間隔	現在(2014年) ピーク1時間本数
東海道線	3分00秒	19本	東京駅2面4線復活 1997年完成 ATS-P化に合わせて信号機増設 ※ATS-P化 東京～大船 1993年完成 大船～小田原 1994年完成 小田原～来宮 2001年完成	2分30秒 (東京～国府津) 3分00秒 (国府津～小田原)	19本
中央快速線	2分10秒	28本	ATS-P化に合わせて信号機増設 ※ATS-P化 東京～中野 1990年完成 中野～高尾 1991年完成	1分40秒 (東京～中野) 1分30秒 (三鷹～立川) 2分30秒 (立川～高尾)	30本
総武快速線	3分00秒	16本	ATS-P化に合わせて信号機増設 ※ATS-P化 錦糸町～千葉 1993年完成 (東京～錦糸町 2004年 ATC→ATS-P)	2分30秒 (東京～千葉)	19本
中央総武緩行線	2分30秒	22本	ATS-P化に合わせて信号機増設 ※ATS-P化 三鷹～中野 1991年完成 中野～千葉 1990年完成	2分20秒 (三鷹～東中野) 2分10秒 (東中野～津田沼) 2分30秒 (津田沼～千葉)	26本
京浜東北線	2分30秒	24本	D-ATC化に合わせて時隔短縮 ※D-ATC化 2009年完成	2分20秒	26本
横浜線	3分30秒	16本	ATS-P化に合わせて信号機増設 ※ATS-P化 1994年完成	3分00秒 (東神奈川～八王子)	19本

路線					
常磐快速線	3分30秒	17本	ATS-P化に合わせて信号機増設 ※ATS-P化 上野〜日暮里　1989年完成 日暮里〜取手　1991年完成	2分30秒 （上野〜取手）	19本
常磐緩行線	2分30秒	22本	ATC更新（一段ブレーキ制御）に合わせて時隔短縮 ※ATC更新　2000年完成	2分10秒 （綾瀬〜柏） 2分30秒 （柏〜取手）	24本
宇都宮線	3分30秒	12本	ATS-P化に合わせて信号機増設 ※ATS-P化 上野〜尾久　1989年完成 尾久〜蓮田　1993年完成 蓮田〜小金井　1998年完成	2分30秒 （上野〜大宮） 3分00秒 （大宮〜小金井）	14本（池袋→新宿埼京線19本＋湘南新宿ライン7本＝26本）
横須賀線	3分30秒	11本	ATS-P化に合わせて信号機増設 ※ATS-P化 品川〜東戸塚　1994年完成 東戸塚〜大船　1993年完成 （東京〜品川　2004年ATC→ATS-P）	2分30秒 （東京〜大船）	10本
南武線	3分00秒	20本	ATS-P化に合わせて信号機増設 ※ATS-P化　1994年完成	2分10秒 （川崎〜稲城長沼） 3分30秒 （稲城長沼〜立川）	25本
高崎線	4分00秒	12本	ATS-P化に合わせて信号機増設 ※ATS-P化 大宮〜宮原　1993年完成 宮原〜籠原　1998年完成	3分00秒 （大宮〜籠原）	14本（池袋→新宿埼京線19本＋湘南新宿ライン7本＝26本）
青梅線	3分20秒	14本	ATS-P化に合わせて信号機増設 ※ATS-P化 立川〜青梅　1998年完成	2分30秒 （立川〜青梅）	16本
武蔵野線	5分00秒	6本	府中本町信号機増設・ATS-P改修　2002年完成 （※大宮直通「しもうさ」運転で14→15本）	4分00秒 （西船橋〜府中本町）	15本

短縮することができる。しかし、信号機を増やせば際限なく運転間隔を短縮できるものではなく、信号機間隔をある程度以下に短縮すると、先行の列車との距離が短くなり、停止信号までの距離が短くなることによって、信号機の現示によって速度を落とす必要が生じてくる。その結果運転時分が増加してしまうので、短縮にも一定の限度がある。

　運転間隔は閉そく区間の長さと列車編成の長さや運転速度などによって決まるものであるが、最もネックとなるのが駅部である。駅では列車が減速・停車し、利用者の乗降のための停車時間がかかるため、後続列車との間隔は詰まることになる。一方、先行列車の最後尾が発車後なるべく早く次の閉そく区間に進入することにより後続列車は早く駅に進入できる。

　JR発足後、保安度を向上するため首都圏100km圏でATS-P(列車自動停止装置)の導入を進めてきたが、合わせて駅構内や駅の手前などに信号機を増設し、最小運転間隔の短縮を進めてきた。**4-4**(表)はJR発足時と現在の最小運転間隔の変化を示した。

　一般的な自動閉そく式では進行信号と停止信号の間に示される減速、注意、警戒信号にはそれぞれ65km/h、45km/h、25km/h以下という決まりがあるため、停止信号に向かって階段状に減速する形になり、この制限を受けずに運転させるように計画するには運転間隔にロスが生じる。

　これを改良するために東北・上越新幹線や山手・京浜東北線に導入された新しいデジタルATCでは後述する1段ブレーキが採用され、さらなる運転間隔短縮が可能となった。これを**4-5**(図)に示した。

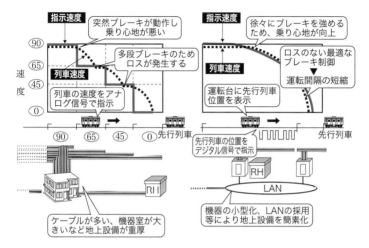

4-5　デジタルATCによる運転間隔短縮

相互発着による時隔短縮

　東京圏の線区では停車時分を通常30秒前後で設定しているが、途中駅ながら乗降人員の多い駅では1分程度の停車時分を要することがある。しかし、そのままでは運転間隔が拡大してしまうため、このような駅では同一方向の列車にホーム1面の2線を使用し相互に発着する方法をとっている。

　4-6(図)に示すように、この方法によって運転間隔の拡大が避けられるとともに、ホーム混雑が平準化される。

　現在、この方法をとっているのは**4-7**(表)に示した駅である。なお、これらのなかには車両基地から出区した始発電車が発車するホームを兼ねているものもある。

＜横浜駅配線イメージ図＞

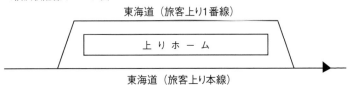

＜1面1線使用の場合＞

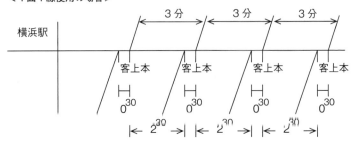

※1線使用の場合は、先行列車の発車から2分30秒後でないと後続の列車が到着できないため、運転間隔を3分未満に短縮できない。また先行列車の遅れがそのまま後続列車の遅れに影響する。

＜1面2線使用の場合＞

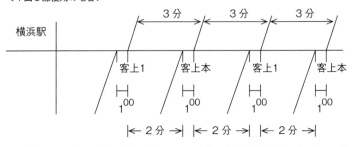

※2線使用の場合は、先行列車の到着から、2分後に後続列車が到着できるため、運転間隔を3分未満に短縮する場合のネックとならない。また、先行列車の発車の遅れによる後続列車への影響に余裕がある。図では同じ3分間隔であるが、停車時分を30秒から1分に拡大している。

4-6 相互発着による時隔短縮の例(横浜駅)

4-7 運転間隔確保のために相互発着を行っている駅

線区	駅	最小運転間隔	停車時分	線区	駅	最小運転間隔	停車時分
中央快速	立川	1分50秒	下り30秒 上り40秒	総武快速	☆東京	2分30秒	
	国分寺		下り25秒 上り30秒[注]1		☆千葉		
	三鷹		30秒[注]2	横須賀	☆東京	2分30秒	
	中野	1分40秒	30秒[注]3	京葉	☆蘇我	3分00秒	
	新宿		下り30秒 上り40秒	東北(客)	大宮	3分00秒	30秒
東海道(客)	品川	2分30秒	60秒	高崎	大宮	3分00秒	
	横浜				☆籠原		
	大船			埼京	☆新宿	2分30秒	60秒
	☆平塚			武蔵野	☆西船橋	4分00秒	
	☆国府津			中央総武緩行	☆千葉	2分30秒	
				外房	蘇我	3分00秒	

☆は始発・終着列車を含む
注）1　上り通勤特快接続の場合は3分40秒停車
注）2　上り通勤特快通過の場合は2分20秒停車
注）3　上り通勤特快通過の場合は2分50秒停車

折り返し駅における運転時隔

　線区全体の条件の中で運転間隔のネックになるのは、通常前述した停車時分の長い駅での時隔と以下に述べる折り返し駅の続行時隔である。

　運転時隔を決める要素は、列車が発車したホームに次の列車が到着し折り返し発車するまでの間隔である。

　最も単純な例として1線折り返しを**4-8**(図)に示した。

　1Mが発車した後、1Mの最後部がホームの先にあるポイントを抜けきった後、ポイント転換、信号現示が行われ、2Mが到着する。

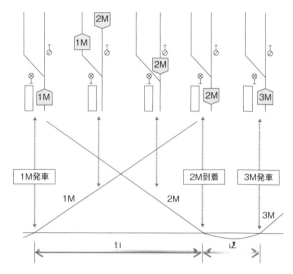

4-8　1線折り返しの場合の運転間隔
(一般的な例)

ここまでの時間をt1とする。t1はこのように線路や車両の長さ、信号装置、列車のランカーブなど物理的な条件で概ね決まる。その後、2Mの乗客が降車し、折り返しとなる3Mの乗客が乗車し、乗務員の機器整備、交代などのため一定の時間後に3Mが発車する。この時間をt2とする。t1とt2を合わせた時間が最小の運転時隔となる。

次に1面2線の例を**4-9**(図)に示した。

はじめに1番線(右側)に到着、発車する列車の運転時隔を検討する。1Mが発車してから2Mが到着するまでの時間t1は概ね前例と同様である。なお、ホームの先にあるポイントは1、2番線双方に進入、進出できるシーサスクロッシングという形状である。2M到着後5Mの発車までの時間t2も前例と同様である。このように1番線発着列車の最小運転時隔はt1+t2となる。

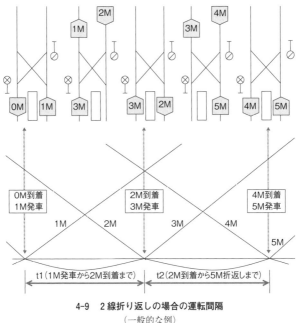

4-9　2線折り返しの場合の運転間隔
(一般的な例)

　一方、2番線発着列車については、0M到着から3M発車までがt2に相当、3M発車から4M到着までがt1に相当する。従って2番線発着列車の最小運転時隔もt1+t2となる。

　図のダイヤではt1とt2を同じ時間にして等時隔のダイヤを描いており、1、2番線を合わせた運転時隔はt1(＝t2)となる。なお、1番線発着列車と2番線発着列車の相互の関係では、0Mと1M、4Mと5Mはポイントで交差する線路を通るため到着、発車が制約されるが、2Mと3Mは交差しないため制約はされない。

　運転時隔の短いダイヤでは、折り返し駅に到着した運転士と車掌が反対側の乗務員室に移動しその折り返し列車を担当することはできないため、担当してきた列車の1〜2本後に到着する列車の折り

返しを担当する。これを「段下げ交代」と呼んでいる。最も運転時隔の短い中央快速線東京駅の朝ラッシュ時は、到着した列車の2本後の列車を担当する「2段下げ」としている。

以上述べてきたように折り返し駅のダイヤ構成は、列車が発車したホームに次の列車が到着するまでの時分t1に大きく制約される。t1を短縮するためには、信号機の移設・新設により信号現示上の制約となる時間を短縮することや、軌道や分岐器の改良など安全上の処置を施し、列車の進出入速度を上げる方法などがある。

なお、3線以上のホームを設けるとホームに停車していられる時間を延ばせるため、折り返しの乗降時分を拡大し列車の遅れ増加を抑止することができる。

駅の配線と列車ダイヤ

駅の配線やホームのレイアウトは、列車ダイヤを作成していく上で非常に重要な条件である。いくつかの例を4-10(図)に示した。この形態によって列車が到着してから折り返し発車するまでの乗客の流れや作業の流れが大きく変わる。

①、②は始発・終着駅の例である。

①では2線のホームに交互に到着し、交互に発車していくことになる。到着した列車の車内は一般的にドアを開けたままとし、車内の点検を省略できる。ただし、どちらのホームから先に発車するかなどの案内は必要である。

一方、②は到着ホームと発車ホームを分けることができ、降車と乗車の乗客の流れが重なることを避けることができる。ただし、折り返し線に移動する前に車内の乗車人員が残っていないことを確認する必要がある。先着列車の入換が遅れると後続列車に影響するなどダイヤの余力が不足するなどのデメリットがある。

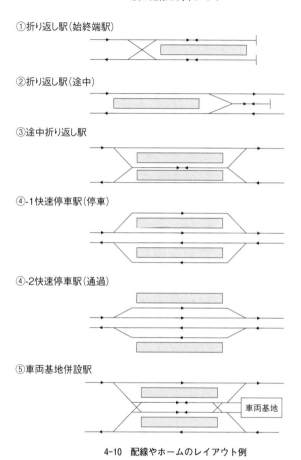

4-10 配線やホームのレイアウト例

③、④、⑤は途中折り返し駅、待避駅、車両基地併設駅の例である。③は、中線で追い越し列車の待避と折り返しが可能である。④-1は、上下線別に待避が可能であり、④-2は、通過列車の風圧や利用者の安全を考慮しており、新幹線の通過駅などに使用されている。⑤は、上下線が車両基地を挟んだ形態であり、基地から本線を横断することなく入出区が可能である。

車両基地の整備

　列車の運行を終了している夜間や通勤ラッシュ後に列車本数を減らしている時間帯には、車両を収容する場所が必要である。車両を収容することを通常「車両留置」、しまう場所のことを「車両基地」と呼んでいる。

　車両基地にはその機能によりいくつかの種類がある。留置とともに車両の検査・修繕を行う箇所は車両センターの名称を有している。一方、清掃と簡単な点検を行う箇所の場合、「操車場」という駅の一種あるいは一部という位置づけとしているケースもある。また、さらに小規模なもので旅客駅に併設された留置線という形態もある。

　例として東海道線の車両基地の配置を4-11(図)に示した。このうち、鎌倉、国府津の各車両センターは車両の検査修繕を行っている箇所である。このうち鎌倉車両センターは総武快速・横須賀線の車両を担当している。平塚駅は輸送量の段差に応じて車両の分割、併合を行う駅であり、下り線側の留置線には、切り離された付属編成が留置されている。

　車両は運行の開始時点に車両基地から出区し、通勤線区の場合、朝の旺盛な需要を担った後、一定数の車両が一旦基地に入区され、夕夜間の需要に対応するために再度出区する。夜間の運行終了後に

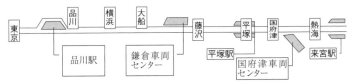

注）その他駅の車両留置箇所：品川、茅ヶ崎、国府津、小田原、早川、湯河原、熱海等（平成24(2012)年3月現在）

4-11　東海道線の車両基地

再び基地に戻るという行程をたどる。

車両基地の位置は、線区の始終着駅や輸送段差のある箇所に設けられるのが理想であるが、実際には、過去設置されてから輸送需要は変化していく。

4-12　国府津車両センター

また、車両基地は広大な用地を要するものであり、新規の建設は経営上重要な判断を要する事柄である。一方、都心部に所在する車両基地については、郊外に所在する基地との役割分担などを考慮しつつ一部を商業用地などに活用する可能性も検討されている。

現在、品川にある車両基地は東京都心南部の一等地に87線1000両規模という広大な用地を使用していることと、2015年3月に開業した「上野東京ライン」東京〜上野間により東海道線と宇都宮・高崎線・常磐線等との直通運転の輸送体系と尾久基地、東大宮基地等との関連が生じた。これにより、一部の車両基地機能を残しつつ、一部は事業開発に使用していくことが決定している。

車両の新造・転配計画

車両を新造する理由は大きく2つある。

1つは新線開業、列車増発、編成増強などのために、車両を増備する場

4-13　車両新造

合である。もう1つは使用していた車両が製造後年数を経て陳腐化し、また、メンテナンスコストを圧縮するために、新車を投入し、古い車両を廃車するいわゆる老朽取替えである。

JR東日本が設立以来新造投入してきた主な車両は**4-15**(表)の通りである。

JR東日本の車両配置の考え方

国鉄時代の車両はなるべく線区による違いを避け全国で共通性の高い車両構造を持たせるようにしていた。

代表的なものとしては、通勤用直流電車の103系、近郊用の113、115系、また、特急用では交直流用の485系が挙げられる。当時の車両投入の仕方は、車両増備の目的としている線区が地方線区の場合、新車を東京の山手線や中央線に投入し、そこから発生する車両を増備する線区に回すというやり方を行うのが常であった。

これに対して、JRに変わってからは主要線区以外にも直接新車を投入するケースが増えている。平成3(1991)年、相模線電化ではすべて新造の205系を、平成8(1996)年の八高南線電化ではほぼ半数に新造の209系を投入した。

一方、特急車両は性能、車内設備、外観デザインなどに線区ごとのコンセプトを盛り込み、それぞれが非常に特徴的なものになっている。

4-16(表)にJR設立後に投入された特急車両の特徴を示す。

JR東日本では線区のニーズに最も適した車両を運用するために、車両の必要な線区に直接新車を投入することを基本としている。その中で山手線のデジタルATC化と武蔵野線などの103系の老朽取替計画においては転配属を実施した。山手線に平成14(2002)年から平成17(2005)年にかけて投入したE231系500番代車両は、現在のJR東

日本の直流通勤電車の一般形式として各線区に導入されたE231系を基本としながら、ドア上に液晶ディスプレイを設け案内、運行情報、広告表示するなど、最新のIT技術を活用したものとなっている。東京圏をあるいは日本を代表するといってよい山手線に最新鋭の車両を投入することになったが、この決定にあたっては当時山手線で使用していた205系の処遇をどうするのかが重要なテーマであった。しかも、この場合は増備で

4-14 ドア上液晶モニター

はなく老朽取替えであり、取替えの対象となるのは武蔵野線、南武線、京葉線などに残る103系であった。

　前述したように、JR設立後新車は投資目的となる線区に直接投入するようにしてきたことに反する面もあったが、205系にデジタルATCを搭載するための改造経費等と、山手線以外に転配属することに伴う改造経費を比較するなどの経済計算をはじめ様々な角度から検討を行った結果、決定したものである。

車両の運用計画

　車両の運用は、列車体系に基づき効率性を始めとするいくつかの条件の下で計画されている。

　車両基地は使用間合の車両が留置され、清掃、点検、整備などが行われる。

4-15 JR東日本の主な

主な使用線区	形　式	両　数	投入時期(年度)	投入目的
東海道線	211系	166両	1988年	従来車（113系）の取替え
宇都宮線 高崎線	211系	200両	1987年	従来車（115系）の取替え
東海道線	サロ212 サロ213	8両 8両	1988年	2階建てグリーン車による輸送力の増強
東海道線	サロ124 サロ125	29両 5両	1988年 1990年	2階建てグリーン車による輸送力の増強
埼京線、横浜線、南武線、京葉線、武蔵野線	205系	681両	1985年	増発、従来車（103系）の取替え
相模線	205系 500番代	52両	1990年	電化開業用
東海道線	215系	40両	1992年	東海道貨物線の旅客線化 湘南ライナーの増発
山手線	サハ204	53両	1989年	山手線の11両化 6扉車
京浜東北線	209系	810両	1993年	従来車（103系）の取替え
中央総武緩行線 京浜東北線	209系 500番代	150両 20両	1998年 2001年	従来車（103系）の取替え
常磐緩行線	209系 1000番代	20両	1999年	従来車（103系）の取替え
東北・奥羽線	701系	194両	1993年	客車の電車化
奥羽線 田沢湖線	701系 5500番代	18両 20両	1992年 1997年	標準軌用車両の新造
奥羽線	719系 5000番代	24両	1992年	標準軌用車両の新造
総武快速・横須賀線	E217系	745両	1994年	従来車（113系）の取替え
常磐線	E501系	60両	1995年	
中央・総武緩行線	E231系 0番代	540両	2000年	従来車（103系）の取替え
宇都宮線 高崎線	E231系 1000番代	660両	1999年	従来車（115系）の取替え
中央線	E257系	154両	2001年	従来車（183系）の取替え

新造車両（通勤・近郊型）

(平成27年4月1日現在)

輸送面から見た改良点	技術的な新機軸	記　事
ロングシート拡大による混雑緩和		国鉄時代の設計
ロングシート拡大による混雑緩和 5両単位の編成による輸送力の調整		国鉄時代の設計
		113系に組込み
	在来線では初の全電気ブレーキ指令式	国鉄時代の設計
茅ヶ崎～橋本～八王子間直通運転	運転台モニター装置	
オール2階建て車両による座席定員の増強	フランス製の座席フレーム採用	
混雑号車への6扉車導入による列車遅延防止	シート上昇の遠隔制御	
つかみ棒による座席の有効利用 混雑号車への6扉車導入による列車遅延防止	VVVF車の量産投入	
拡幅車体による混雑緩和		
駅等での入換作業の省力化 ロングシート、3扉化による混雑緩和		
普通車4扉化、ロングシート拡大による混雑緩和、遠距離乗車を考慮したクロスシート車、2階建てグリーン車による輸送力増強	自動分併装置の導入による省力化	
常磐線（取手～土浦間）の輸送力増強	交直セクション通過時の自動切換え	
拡幅車体による混雑緩和および6扉車導入による遅延防止	列車情報制御装置（TIMS）の採用	
拡幅車体、普通車4扉化、ロングシート拡大による混雑緩和、遠距離乗車を考慮したクロスシート車	編成全体の荷重条件に応じた力速度制御	
定員増による輸送力増強	床下空調、荷棚先端部吹き出し採用	

路線	形式	両数	年	備考
常磐快速線	E231系 0番代	265両	2001年	従来車（103系）の取替え
山手線	E231系 500番代	572両	2002年	従来車（205系）の取替え
中央総武緩行線 東西線	E231系 800番代	70両	2003年	従来車（301系, 103系）の取替え
東海道線 湘南新宿ライン	E231系 1000番代	508両	2004年	従来車（113系）の取替え
宇都宮・高崎線 湘南新宿ライン	E231系	82両	2004年	普通グリーン車
常磐線	E531系	300両	2005年	従来車（415系）の取替え
中央快速線 青梅・五日市線	E233系 0番代	688両	2006年	従来車（201系）の取替え
東北・常磐線	E721系 0番代	78両	2006年	従来車（455系等）の取替え
東北・仙台空港線	E721系 500番代	8両	2006年	
水郡線	キハE130系	39両	2006年	従来車（キハ28、58形等）の取替え
京葉線	E331系	14両	2007年	次世代通勤型車両の検証
小海線	キハE200形	3両	2007年	
京浜東北線	E233系 1000番代	830両	2007年	
東海道線	E233系 3000番代	15両	2007年	E217系機器更新予備
米坂線	キハE120形	8両	2008年	
常磐緩行線	E233系 2000番代	180両	2009年	従来車（203・207系）の取替え
京葉線	E233系 5000番代	240両	2009年	従来車（201・205系）の取替え
山手線	E231系 600番代 4600番代	104両	2009年	山手線のホームドア設置に伴うオール4扉車化
東海道線	E233系 3000番代	225両	2009年	
常磐線	E531系	10両	2010年	E501系機器更新予備
東北・常磐線等	E721系 0番代	4両	2010年	701系転用補完
東北・常磐線等	E721系 0番代	6両	2010年	701系機器更新予備

拡幅車体による混雑緩和		
拡幅車体による混雑緩和および6扉車導入による遅延防止		
拡幅車体、普通車4扉化、ロングシート拡大による混雑緩和、遠距離乗車を考慮したクロスシート車		中間車一部は宇・高線E231系から転用
		既存車に組込み
拡幅車体による混雑緩和、普通グリーン車による着席サービス	JR東日本近郊タイプ初の130km/h運転	
拡幅車体による混雑緩和		
	低床車	
仙台空港アクセス	低床車	
3扉車導入による遅延対策		
	DDM、連接台車	
	ハイブリッドシステム	
6扉車廃止		
一部6両+4両の分割編成 京葉線経由で東金線、外房線との直通運転		
新青森開業による輸送力増強		

上野東京ライン	E233系	485両	2012年	上野東京ラインの通勤電車車種統一
久留里線	キハE130系	10両	2012年	従来車（キハ30、キハ37、キハ38形）の取替え
埼京線	E233系7000番代	310両	2013年	従来車（205系）の取替え
上越・信越・羽越・白新線	E129系	24両	2014年	従来車（115系）の取替え
横浜線	E233系6000番代	224両	2014年	従来車（205系）の取替え
南武線	E233系8000番代	210両	2014年	従来車（205・209系）の取替え
仙石東北ライン（東北・仙石線）	HB-E210系	16両	2014年	仙石東北ライン開業に伴う新造 従来車（キハ40系）の取替え
常磐線 上野東京ライン	E531系	10両	2014年	上野東京ライン開業に伴う輸送力増強
常磐・水戸線	E531系0・3000番代	55両	2014年	従来車（415系）の取替え

　蒸気機関車がけん引する列車が主体となっていた時代は、石炭、水の補給や点検のため、100km位の間隔に配置された機関車基地（機関区）のある駅で機関車の交換が行われて、機関車は後ろで引っ張られる客車や貨車とは別に独立した運用となっていた。

　動力が電気、内燃機などに近代化され、動力分散方式の電車、気動車に置き換えられてきた結果、機関車基地と旅客車基地に分ける必要がなくなり、基地の間隔も拡大されることになった。特に大きな変化はターミナル駅での折り返しである。従来の機関車けん引タイプの列車の場合は、終着駅到着後必ず機関車を反対側に付け直して回送列車での運転準備にかからなければならない。これに対して電車、気動車の場合は反対側には到着まで車掌が乗務していた乗務員室がある。そこに運転士が乗り込み反対側への運転を扱えばよい。従って機関車けん引タイプの列車に比べて折り返しに要する時間が飛躍的に短縮される。これは、あらゆる面で好都合である。

　1つの車両で1つの列車を1回だけ走らせるのであれば、車両運

		投入途中
ハイブリット車両とし、交流・直流区間を直通する仙石東北ラインを運転、3扉車	ハイブリッドシステム	

用というものは要らない。しかし、なるべく少ない車両で必要な列車を運転させる「無理もなければ無駄もない」計画を立てることは列車ダイヤ計画の重要な目標である。車両運用はダイヤ作りの非常に重要な条件であり、「車両運用が成り立たなければ列車ダイヤはできない。需要を満たす列車ダイヤにならない車両運用は無用。」である。

車両の改良などにより列車の運転速度が向上し所要時分が短縮されると、折り返し駅で従来のダイヤと比べて1本前の列車に充当することが可能となる。あるいはそれを目指して速度向上を目指す。

車両運用と列車ダイヤが相関する例としてわかりやすいものを紹介する。

山手線は、昭和43年10月のダイヤ改正以来、10両編成の運転であったが、JR発足後の検討で1両増結して11両編成とすることが決定した。結論的には当時の205系電車10両6M4T編成に6扉付随車を増結することになったが、決定に至る中で以下の検討が行われ

4-16 JR東日本の特急車両の特徴

(平成27年4月1日現在)

形　式	主な使用線区	配置両数	特　徴
E2系	東北、上越、北陸新幹線	382両	最高速度275Km/h（長野は260Km/h） 高速運転時の騒音・環境対策が施されている
E3系	東北、山形新幹線	135両	新在直通運転の第2号 新幹線区間では最高速度275km/h 旧秋田新幹線用E3系を改造した新幹線初のジョイフルトレイン「とれいゆ つばさ」6両が2014年7月デビュー
E4系	上越新幹線	192両	E1系に続く2階建て新幹線電車 16両編成時の定員は1,634人で高速車両としては世界最大の定員数を誇る
E5系	東北新幹線	280両	最高速度320km/h グランクラスを連結し「はやぶさ」として運転
E6系	東北、秋田新幹線	168両	最高速度320km/h　E5系と併結する「こまち」として秋田新幹線用E3系後継車両
E7系	北陸新幹線	204両	JR東日本初のJR西日本との共同開発車両　E5系に続きグランクラスを連結　最高速度は260km/h ※2015年1月落成の1編成を含む
183・9系	波動用	40両	国鉄時代車両
185系	東海道、宇都宮、高崎線波動用	187両	国鉄時代車両
251系	東海道、伊東線	40両	伊豆リゾート専用　オールハイデッカー車
253系	宇都宮線（東武線直通）	12両	成田エクスプレスから一部を東武線相互直通専用「日光」「きぬがわ」に改造
255系	総武、内外房、京葉線	45両	房総専用、最高速度130Km/h JR東日本特急車両初のVVVF車
E351系	中央、篠ノ井、大糸線	60両	JR東日本初の振り子車両 最高速度130Km/h
E257系	中央、篠ノ井、大糸線 総武、内外房、京葉線	154両 95両	特急車両初のTIMS搭載車 最高速度130Km/h
E259系	総武、成田、横須賀線	132両	成田空港アクセス用　フルアクティブサスペンションを搭載　ユニバーサルデザインを採用 最高速度130Km/h
583系	波動用	6両	国鉄時代車両（昼夜兼用）波動
485系	奥羽、津軽線、波動用	135両	国鉄時代車両
651系	宇都宮、高崎、吾妻線	95両	JR発足後初の特急車両 初の130Km/h運転 一部常磐特急から「草津」「あかぎ」に転用
E653系	羽越、白新、信越本線	72両	特急形の交直流初VVVF車 最高速度130Km/h 常磐特急から「いなほ」「しらゆき」に転用
E655系	波動用	5両	ハイグレード車両、全車グリーン車
E657系	常磐線	170両	WiMAXを利用した車内ブロードバンド環境の提供 最高速度130Km/h
E751系	奥羽本線	18両	JR東日本初の特急形交流専用車 設計最高速度140Km/h

た。

 それは増結する車両を電動車にするか付随車にするかであったが、付随車とした場合僅かながら運転時分が伸びてしまう。例えば、わかりやすくするため1周するのにかかる時間が現在ちょうど1時間=60分だとすると、2分30秒間隔=1時間当たり24本の運転を行うために車両は24本で足りる。しかし、運転時分が延び1周に61分あるいはそれ以上かかることになると、大崎駅(山手線ダイヤ作成上の基点)を発車した列車が1周して大崎駅に到着した後、ちょうど1時間後の列車とすることができない。このため、1時間当たり24本の運転を確保するためには、車両がもう1本必要になる。このように運転時分を短縮するということは、利用者に直接効果のある到達時分の短縮だけではなく輸送の効率化に対する影響が大きい。1両の増結車両の構造が全体のフレームに大きく影響を与える事例である。

 その後、平成17(2005)年4月、205系からE231系へバトンタッチ、平成18(2006)年7月、D-ATC使用開始、平成19(2007)年3月、D-ATC化後の初ダイヤ改正で、朝ピーク1時間に外回り電車を1本増発(24本→25本化)して混雑緩和を図っている。増発に伴う車両は、D-ATCとE231系統一による時間短縮効果(外回りの到達時間効果:64分→62分20秒 ▲1分40秒)により、ピーク時間を運転するために必要な編成数を1本少なくしつつ、増発を実現した。車両増備を行わず現行車両数(25本)のままで増発を行うことができた。一方、平成22(2010)年に恵比寿駅と目黒駅にホームドアが設置された。ホームドア設置にあたっては、6、10号車の6扉車を4扉車に変更するなど、ホームドア対応改造が必要となった。このとき、改造工事の予備編成として、前述した時間短縮効果により生じた1編成を活用した。この編成については、改造工事が終了すると予備車とし

ての使命は終了したが、平成27(2015)年3月に開業した「上野東京ライン」開業に伴う他線区の車両増備に活用された。

以上のように、列車ダイヤ（増発や新規路線の開業）が変わっていくことに対し、長期的な視野を持ちつつ車両の使用を無駄なく、効率よくすすめていくことが車両運用の本質にある。

乗務員の運用計画

運転士、車掌の配置箇所、勤務形態は、列車体系に基づき効率的な体系を目指し計画されている。

車両基地と同様に折り返しターミナル、分岐点、輸送段差の生じる箇所などに設置されるのが常である。長距離列車を蒸気機関車がけん引することが主体となっていた時代は、運転士(当時は機関士)の交代と機関車の付け替えが同じところで行われるケースも多く、機関区が運転士基地と車両基地の両方を兼ねている箇所が多かった。しかし、蒸気機関車から電気機関車、あるいは電車へ移り変わるに従って、車両基地の間隔は拡大された。運転士基地も運転速度の向上などにより間隔が拡大したが、車両ほどではなく、その結果、運転士のみの基地(仕業検査、入換等を含む)が徐々に拡大された。

一方、車掌区は元来ターミナル駅に併設された箇所が多かった。JR発足後、JR東日本では社員育成のルートが国鉄時代と変更となり、車掌と運転士を合わせ受け持つ業務機関の設置が計画実施されつつある。JR東日本最初の運輸区は、千葉支社の京葉運輸区である。首都圏7支社(東京、横浜、八王子、大宮、高崎、水戸、千葉)では、平成27(2015)年4月現在の運輸区箇所数は28ヶ所であり、本線運転士所属基地44ヶ所の63％、車掌所属基地39ヶ所の72％が車掌・運転士が同一箇所所属形態となっている(運輸区の他に営業所を含む、派出を除く)。

乗務員の行路は営業列車のダイヤに合わせて作られるものであるが、折り返し時間の設定など乗務員の効率を最大限考慮して計画される部分もある。「折り返し駅における運転時隔」の項でも記述し

4 17　乗務員引継ぎ（熱海運輸区）

たが、都心のターミナルでは到着した列車の乗務員室で機器類の整備などと反対側の乗務員室へ歩行移動するためにかかる時間は必要である（エンド交換という）。到着した列車の折り返し列車を同じ運転士が担当する場合は、エンド交換に要する時間以上の時間をダイヤ上確保しなければならない。前述した設備上の条件から決まる時隔ぎりぎりまで短縮するためには、その前に到着していた列車の運転士が反対側に移動し列車到着後運転台に乗り込み、車内電話などで到着した運転士と引継ぎを行うことになる。この方法を行うためには、運転士の出面（でづら：運転士に限らず作業上配置を要する員数を示す。運行に携わる部門は交代制勤務が主体であり、駅や乗務員区に所属する人員は出面数に交代や休日の予備に要する員数が加わる）を増員させることとなるため慎重な判断が必要である。

車掌は、車内放送、車内巡回などサービスフロントとしての役割とともに、列車の発車、停車時における安全確認とドアの開閉操作という定常的な運転取扱いを担っている。また、万一列車が事故に遭遇した場合に、二重衝突などの被害拡大を防ぐために行う列車防護という処置を行う要員としての使命がある。運転士が車掌の業務

も担うことによって車掌の乗務省略…いわゆるワンマン運転を実施している線区が民営分割後拡大された。ワンマン運転を導入する場合は、運転士が乗降の終了を確認できるようにするためのホーム上や車内のミラーあるいはモニターカメラの設置などの環境整備とともに、列車防護のあり方が重要な条件となる。営業列車のワンマン運転化と少し異なるが、回送列車の車掌乗務省略という取扱いの場合は、乗降確認は必要ないため専ら列車防護が条件となる。具体的には、EB装置（運転士が急病などで倒れたときに安全に列車を停車させられるように、60秒間何の運転操作も行っていないときに警報を発し処置がなされないときに非常ブレーキをかける装置）の設けられた車両については、回送列車への車掌の乗務が省力できることになった。順次適用を拡大している。

第5章　ダイヤ改正

ダイヤ改正の位置づけ

　昭和62(1987)年日本国有鉄道(国鉄)の分割民営化によって、本州3社・北海道・四国・九州の6つの旅客鉄道株式会社と全国1社の貨物鉄道株式会社が設立し、7社によってJRグループが誕生した。これ以降、ダイヤ改正の位置づけは、各社が単独で行うダイヤ改正とJRグループ全社が一斉に行うJRグループダイヤ改正の2通りに区分されるようになった。

　特急列車等の会社間を直通する列車の改廃(新設・変更・廃止)や大幅な時刻変更を行うなど、複数の関係会社でダイヤに変更が伴う場合には、JRグループダイヤ改正としている。

　例えば、東海道・山陽新幹線でダイヤ改正を行う場合には、まずJR東海およびJR西日本で新幹線のダイヤ変更が発生するが、これを受けJR東日本、JR東海、JR西日本、JR四国、JR九州の各社で新幹線との接続を取るために在来線のダイヤ変更が必要になる。このように東海道・山陽新幹線のダイヤ改正を発端として連鎖的に関係各社へのダイヤ変更が波及することになり、結果としてJRグループとしてのダイヤ改正が必要になるわけである。

　また、JRグループダイヤ改正とした場合には、グループダイヤ改正内容に直接関係しない会社においても統一したダイヤ改正日にダイヤ改正を実施し、それに伴うプレス発表もJRグループとして行うこととしている。

　JRグループダイヤ改正とする意義は、上述したように会社間を直通する列車の時刻や運行体系などの変更を関係する各社で協同し

5-1 最近のダイヤ改正と位置づけ

ダイヤ改正日	位置づけ JRグループ	位置づけ 東日本単独	備考
2016年3月26日(土)	○		北海道新幹線開業
2015年3月14日(土)	○		北陸新幹線開業、上野東京ライン開業
2014年3月15日(土)	○		「こまち」320km/h運転開始、「あさま」E7系投入
2013年3月16日(土)	○		「はやぶさ」320km/h運転開始、「こまち」E6系投入
2012年3月17日(土)	○		常磐線E657系投入、「日本海」「きたぐに」廃止
2011年3月12日(土)	○		九州新幹線(鹿児島ルート)全線開業
2010年12月4日(土)		○	東北新幹線八戸〜新青森間延伸開業(「はやぶさ」運転開始…2011.3.5〜)
2010年3月13日(土)	○		成田エクスプレスE259系投入・増発「北陸」、「能登」廃止
2009年3月14日(土)	○		寝台特急「はやぶさ・富士」廃止
2008年3月15日(土)	○		
2007年3月18日(日)	○		
2006年3月18日(土)	○		東武鉄道との特急列車直通運転開始
2005年12月10日(土)	○		「はやて」「こまち」「つばさ」増発
2005年7月9日(土)		○	
2005年3月1日(火)		○	

て行う必要があるためであるが、そればかりでなくJRグループ全体として一斉にダイヤを改正することで、利用者へのPRやダイヤ改正の内容をより効果的に周知することが可能となる(5-1(表))。

ダイヤ改正の時期

輸送サービスを改善するための列車ダイヤ変更は、一般の商品と同じようにマーケットにとって最適な時期に実施されるべきである。通勤列車のダイヤ改正であれば、定期券が切り替えられる新年度を目指したり、他輸送機関などの競争相手の動向をにらんだ時期に設

定するなど様々である。また、雪や風などの自然災害に影響されにくい比較的輸送が安定している時期に改正を実施したいというJRグループ内部からの要望が出ることもある。一方で、新線開業など設備の新設・改良や車両の製造・改造を要するダイヤ改正の場合には、これらの竣工時期・完成時期が主な決定要因となる。もっともこれらの竣工時期等についても経営的な観点から判断されるものであり、大きな狙いとしては合致している。また、最近では「Suica」等ICカードの普及で交通系ICカード相互利用がはじまり、北海道から九州までKitaca、PASMO、TOICA、manaca、ICOCA、PiTaPa、SUGOCA、nimoca、はやかけんの各エリアにおける鉄道・バス等の利用が可能になったことから、新駅開業や駅名改称など運賃・料金の変更等が伴うものについては、JRグループのダイヤ改正と同時期に限られて行われるようになった。

　JR東日本では発足後、2016年3月26日のダイヤ改正で48回のダイヤ改正をほぼ毎年実施、年度によっては複数回の改正を実施してきた。ダイヤ改正は、新しいサービスの営業開始としての好機を逃してはならないが、ある線区のダイヤを変更する際に、接続などのために他の線区のダイヤにも影響を及ぼすというネットワークの特性が存在する。また、ダイヤ改正を行うためには、利用者に対する案内設備の整備、社員の使用する時刻表類、最近では車両に搭載しているコンピュータシステムに、運転や利用者への案内に必要な様々なデータを登録していることから、これらの書き換えなどで広範な部門において変更するためのコスト(経費)が生じている。

　従って、実際の時期決定にあたっては、最も中心的な施策の実施時期を軸にして同一日に実施することで調整を図っている。

　特に、JRグループダイヤ改正を実施する場合は、各社にこのような事情が存在するため、ダイヤ改正の時期を決める上でより複雑

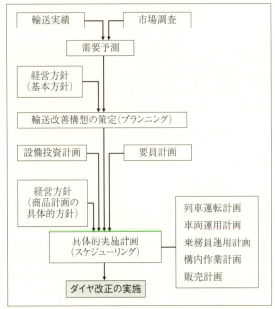

5-2 ダイヤ改正実施の流れ

な調整が必要になる。このような場合、会社間調整会議の席上で各社が意見を交わし合い、総合的な判断でダイヤ改正日を決めることになる。

ダイヤ改正の流れ

列車の増発・廃止や時刻変更などのために列車ダイヤを作りかえる必要が生じたときに、ダイヤ改正を実施する。

鉄道に対する需要は、経済状況、社会環境、他の輸送機関の動向、利用者の価値観の変化などにより常に変化を遂げている。ダイヤ改正ではこれら市場の変化を的確にとらえ、ニーズに合った商品づくりが求められる。

5-2(図)にダイヤ改正実施に至る流れを示した。

また、ダイヤ改正のサイクルは、JR発足以降利用者のニーズにより早く的確に対処する必要性から国鉄時代に比べ短くなっており、前述した通りJR東日本では1年に1回〜2回程度のダイヤ改正を実施している。

輸送改善計画の策定

ダイヤ改正を行う上で最も重要なのは、いかに利用者のニーズに合った輸送商品を提供できるか、言い換えれば輸送改善計画をいかに的確に策定できるかである。

輸送改善計画の策定は、利用状況調査(輸送実績)やアンケート調査などによる市場調査、定期券などの発売実績、利用者の声や駅社員、列車乗務員などからの声、要望などを受け検討を行う。こうした輸送改善計画にはダイヤの軽微な修正程度で実施可能なものから、車両の増備・設備の改良など多額の設備投資と数年の準備期間を要するものまで様々である。いずれの場合も施策の目的と需要想定の見極め、ダイヤ検討によるその実現性と効果を検証して、ダイヤ改正施策としての可否を判定することになる。

設備改良計画と車両投入計画の決定

輸送改善を図るための工事には、新線開業や複々線化など大規模なものから比較的軽微なものまで様々なものがある。軽微とはいえ、輸送改善に関する設備投資は、多額の資金を要するものが多く、また、設備投資が国鉄の経営を圧迫する主要因の1つでもあったため、JR東日本では、平成16(2004)年頃までは、年間の設備投資額を減価償却の範囲内にとどめることを方針としていた。その後においても、必要性、投資効果を見極めるための検討に力を入れている。一

5-3 ビッグワンダー

方で、投資の時期を失することは投資の効果を大きく減じることにつながるケースもあることから、判断と実施のスピードを上げる取組みがなされてきた。同時に工事費のコストダウンのための研究も進められてきた。一言でいえば、慎重かつ大胆に投資の判断を行ってきたといえる。

JR東日本の工事費をコストダウンした事例としては、秋田新幹線の建設が挙げられる。当初総額598億円で計画された秋田新幹線は、ビッグワンダーと呼ばれる軌道交換機(軌道連続更新機)で軌道の交換期間を短期間で施工する新工法の開発、導入によって9.7%にあたる58億円が縮減されたが、工期は計画通り、1997年3月で竣工、開業を遂げた。

工事の竣工時期はダイヤ改正の時期を決定する重要な因子であるとともに、経営上、営業上のニーズから竣工時期の目標が設定されることにもなる。また、整備新幹線のような国家的な事業の場合、オリンピック開催(長野新幹線は平成10(1998)年2月開催の長野冬季オリンピックに先立つ平成9(1997)年10月に開業した)などの大イベントが目標とされることも多く、実際にそのような目標で竣工された。

車両の場合は、様々な新機軸を取り入れるなど従来車両と大幅に

5-4 長野新幹線出発式

構造が異なる車両となる場合は、導入決定から量産先行車両の導入、試運転の実施、実際の営業開始まで3年程から、それ以上を要するケースもあり、最近の新造車両ではE235系(山手線車両)やE353系(中央線特急車両)などの車両が挙げられるが、同一形式の車両増備となる場合(E233系通勤型・近郊型車両、E657系特急車両、E531系など)は、決定から1年半程度で営業を開始することができる。従って、大きなプロジェクトの場合は、地上工事が全体行程を決定する要因となり、車両の増備投入はそれに合わせたスケジュールとなることが多い。

営業戦略と輸送戦略

営業戦略と輸送戦略は「車の両輪」のような関係であり、もともとダイヤを改正するために営業戦略が策定され、それと同時にその効果を最大限に活かすための輸送戦略が策定される。平成14(2002)年12月の東北新幹線八戸開業時や、平成22(2010)年12月の東北新幹

線新青森開業時には、関係する自治体と連携・協力して観光活性化策を策定し、JR東日本では周遊型のイベント列車や新型のリゾートトレインを投入、それに合わせた旅行商品・企画商品の開発などを行い、地元自治体などでは新たな観光スポットの開拓、地元でのおもてなしなどや料金定額制の観光タクシーの運行など、地域と会社、営業と輸送が一体となった戦略を策定している。

ダイヤ作成作業

JR東日本は、概ね毎年1回のダイヤ改正を実施している。但し、JR他社や相互直通運転を行っている他の鉄道会社が年間の別の時期に実施するケースもあり、直通列車や会社間の境界駅で若干の時刻を変更する場合もある。ダイヤ改正に向けた設備工事や車両の新造は2〜3年前から開始されており、概略の基本ダイヤはその時点で検討されている。しかし、実行レベルの詳細なダイヤ作成に向けた作業は改正実施まで1年を切った時期に開始されることが多く、対外発表間際まで調整が図られている。

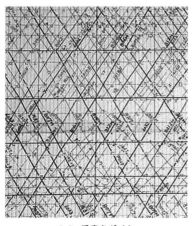

5-5 手書きダイヤ

在来線の基本ダイヤは、それぞれ担当する支社の輸送課が作成するが、各新幹線の基本ダイヤは本社が作成する。さらに新幹線からの接続を受ける在来線の基本ダイヤをそれぞれ担当する各支社が検討するため、これを考慮して早めの作業が行われている。

《参考》

平成27(2015)年3月の北陸新幹線金沢開業時におけるダイヤ改正の例では、列車が会社間を直通することからJR西日本との協議・調整が繰り返し行なわれた。基本的なダイヤ編成や車両運用などが決まったのは、概ね半年前にあたる平成26(2014)年8月頃であった。この時期には社会的影響を考慮し、決定したばかりの運転本数などの概要を対外的に発表した。その後、停車駅などの詳細な調整が平成26(2014)年12月頃まで続いた。

また、山形新幹線や秋田新幹線などの新在区間と東北新幹線との直通運転を行う線区での例では、まず本社において東北新幹線の基本ダイヤを作成し、その後関係支社が新在区間の基本ダイヤ作成を行う。しかしながら、新在区間は単線による運転が長いため、列車行き違いなどの調整が非常に複雑でなかなか思った通りのダイヤにはならず、最終的に新幹線の基本ダイヤとの調整作業を行うこともあるため、ダイヤ作成作業は時刻表締め切りやプレス発表間際まで続く。

輸送総合システム

ダイヤ作りは長年ダイヤ用の専用用紙に鉛筆で書き込み、書き直しを繰り返しながら完成させていくという作業を行い、確定したものをケント紙に清書し印刷、関係部門に配布するという形で行われてきた。

現在JR東日本の在来線では1992年に使用開始

5-6 会社間列車「サンライズ出雲・瀬戸」

5-7 旅客列車の会社間直通列車の現状

種別	運転区間		本数(往復)	記事	種別	運転区間		本数(往復)	記事
特急電	東 京	高 松	1	東京〜岡山間「サンライズ出雲」と併結運転	普 電	飯 田	上諏訪	下り2本	
					普 電	飯 田	岡 谷	上り1本	
					普 電	伊那大島	岡 谷	下り1本	
特急電	東 京	出雲市	1	東京〜岡山間「サンライズ瀬戸」と併結運転	普 電	伊那福岡	上諏訪	上り1本	
					普 電	駒ヶ根	岡 谷	4	
					普 電	伊那松島	岡 谷	下り1本	
特急電	大 阪	長 野	1		特急電	名古屋	長 野	12	
特急電	津軽新城	函 館	8		普 電	神 領	松 本	下り1本	
特急電	新青森	函 館	2		普 電	中津川	松 本	下り8本 上り9本	
急 客	青 森	札 幌	1						
特急電	東 京	三 島(修善寺)	?	熱海駅で伊東方面列車と分割・併合	普 電	上 松	松 本	下り2本 上り1本	
					普 電	木曽福島	松 本	上り1本	
普 電	東 京	沼 津	下り2本		特急電	東 京	金 沢	24	
普 電	上 野	沼 津	上り1本		特急電	長 野	金 沢	2	うち1往復は長野〜富山間回送
普 電	籠 原	沼 津	下り2本						
普 電	前 橋	沼 津	下り1本		特急気	名古屋	富 山	4	
普 電	古 河	沼 津	上り1本		特急気	名古屋	金 沢	8	
普 電	小金井	沼 津	3		特急気	大 阪	高 山	1	
普 電	宇都宮	沼 津	下り1本 上り4本		普 電	大 垣	網 干	2	
普 電	豊 橋	岡 谷	下り2本 上り1本		普 電	大 垣	姫 路	上り1本	
					普 電	大 垣	加古川	下り1本	
普 電	豊 橋	上諏訪	下り1本 上り2本		特急電	名古屋	紀伊勝浦	3	
普 電	平 岡	茅 野	上り1本		特急電	東 京	博 多	下り30本 上り32本	
普 電	天竜峡	松 本	下り1本						
普 電	天竜峡	茅 野	下り1本		特急電	東 京	広 島	下り13本 上り16本	
普 電	天竜峡	上諏訪	下り1本		特急電	東 京	岡 山	下り15本 上り14本	
普 電	天竜峡	岡 谷	下り4本 上り6本						
					特急電	東 京	姫 路	1	
普 電	飯 田	長 野	1		特急電	東 京	西明石	上り1本	
普 電	飯 田	松 本	上り2本		特急電	品 川	博 多	下り1本	
普 電	飯 田	茅 野	下り1本		特急電	新横浜	広 島	下り1本	

(平成27年3月現在)

種別	運転区間		本数(往復)	記事
特急電	名古屋	博多	下り3本 上り2本	
特急電	名古屋	広島	下り1本	
特急電	岡山	今治	上り1本	
特急電	岡山	松山	下り13本 上り12本	
特急気	岡山	松山	1	
特急気	岡山	宇和島	1	
特急気	岡山	高知	下り10本 上り10本	
特急気	岡山	窪川(中村)	下り1本 上り1本	窪川〜中村・宿毛間は、土佐くろしお鉄道株式会社の区間
特急気	岡山	窪川(宿毛)	下り1本 上り1本	窪川〜中村・宿毛間は、土佐くろしお鉄道株式会社の区間
特急気	岡山	高知 徳島	下り2本 上り1本	宇多津駅で分割・併合
特急気	岡山	中村(徳島)	上り1本	宇多津駅で併合、窪川〜宿毛間は、土佐くろしお鉄道株式会社の区間
普電	岡山	高松	下り39本 上り36本	
普電	岡山	琴平	2	
普電	岡山	観音寺	2	
特急電	新大阪	鹿児島中央	下り23本 上り22本	
特急電	新大阪	熊本	上り1本	
特急電	広島	鹿児島中央	1	
特急電	新下関	鹿児島中央	下り1本	

された「輸送総合システム」（第10章で詳述）を使用しダイヤ作成をコンピュータシステムで進めるようになっている。同システムは導入当初、ダイヤを現場部門に伝達する作業の効率化等を主体においていたため、ダイヤ作成側では、紙の上で完成したものをデータベースに登録するというような使い方が多かったが、機能の向上に伴い、検討段階からシステムとの対話型で作成するように進歩してきている。

また、従来、ダイヤ計画の担当者がすべて目で見て確認していた。同じ時刻に複数の列車がホームに所在することにならないか、列車の運転間隔が設備上の条件を下回っていないかなど列車相互の関係システム上のチェック機能も充実してきたため、ダイヤ計画の担当者がこれらのチェックに要していた時間が縮小されるとともに、停車時間や接続時間など旅客サービス上本来行うべき検討に費やすこ

とができるようになった。

会社間の調整

JRグループ各社の多くの旅客列車は自社内に完結した運行となっているが、北陸・北海道新幹線や特急列車等で他会社にまたがって運行されている列車も多くある。平成27(2015)年3月現在で5-7(表)の通りの本数の会社間直通列車が運転されている。

これらの運転計画は、関係する会社間の協議によって決められ、ダイヤ改正に向け会社間調整会議が開催される。協議の方法は、次期ダイヤ改正に新たな列車の運転開始、時刻変更並びに廃止を計画する会社が関係会社に対して提案を行い、それを基に協議、調整が進められる。

貨物列車の場合、JR貨物は営業列車を運行する線路施設は保有しておらず、JR旅客会社各社が保有する線路を使用して運行する「第二種鉄道事業者」となっているため、改正内容を各旅客会社に提案し、協議、調整を行う形をとっている。

会社ごとに利害が相反し調整が難航することもあるが、最終的には一定の結論を得る形で、これまでのダイヤ改正が行われてきた。

ダイヤ改正のプレス発表

このような流れで作られた輸送改善策は、ダイヤ改正を実施する前にプレス発表を行う。かつてはダイヤ改正の半年位前に施策概要を発表する「概要発表」とダイヤ改正の3ヶ月位前に新ダイヤが確定した段階で、新設列車の運転時刻や停車駅などの詳細な内容を発表する「詳細発表」の2回のプレス発表を行っていた。最近ではダイヤ改正の「詳細発表」のみ行うことが多くなっているが、平成14(2002)年12月東北新幹線八戸開業や平成22(2010)年12月新青森開業、

また平成27(2015)年3月北陸新幹線金沢開業、平成28(2016)年3月北海道新幹線新函館北斗開業時のように、社会的に関心が非常に高い場合やイベント性の強い場合等、「詳細発表」の前に「概要発表」を行っている。

※平成27(2015)年3月の北陸新幹線金沢開業時においては、平成26(2014)年8月27日に概要発表を行

5-8　プレス発表資料

い、輸送体系と所要時間などをお知らせした。その後、12月19日の詳細発表ですべての列車の運転時刻と停車駅等をお知らせした。

なお、詳細発表がダイヤ改正実施日の3ヶ月程度前に行われるのは、ダイヤ改正内容を掲載する時刻表の最終締め切りがこの時期であり、改正時刻が確定することから発表に至っている。

改正前日からの移り替わり

ダイヤ改正の最後の作業に旧ダイヤから新ダイヤへの移り替わり計画がある。1暦日で運転を終了する列車については、ダイヤ改正当日から新しいダイヤにより運行を始めればいいが、始発から終着まで2暦日以上に及ぶ列車(夜行列車や貨物列車など)の場合は、運転途中でダイヤ改正日を迎えることになる。このような列車の場合、ダイヤ改正日の0時を境に新旧どちらのダイヤで運行するのかを具体的に移り替わり方として指定する必要があり、この計画を「移り替わり計画」と呼んでいる。

移り替わり計画は、始発から終着まで2暦日以上運転する全列車に指定し、どの駅で移り替わりを行うかという「移り替わり駅」の

指定、移り替わり駅を挟んで前後の運転計画を現行時刻あるいは改正時刻のどちらで運転するのかという指定、あるいは移り替わりに伴い運転時刻を臨時に変更するのか、などの指定を詳細に行い関係箇所に指示を行う。

例えば、具体的に説明すると、ダイヤ改正で移り替わりが必要な列車の運転時刻が繰り上がるなど、旧時刻で発車した列車が移り替わり駅で新時刻につながることが不可能な場合は、ダイヤ改正日にも旧時刻で運転するように指定する。ただ、その列車が旧時刻で運転しても他の列車はダイヤ改正日から新しい時刻になっており、途中駅で他の列車と競合する場合があり、自列車あるいは競合する他列車の運転時刻や着発駅等を臨時に変更する処置を行う。

また、実際に移り替わり時にはダイヤ改正前日から当日にかけての夜間に、車両運用を改正当日からの運用とするため数多くの回送列車を運転し、車両の本数などを合わせる作業や車両基地での列車組成替え、駅では発車時刻表や案内表示板の架け替えなどが夜を徹して行われる。これらの作業を確実に行うため輸送計画担当者や関係現業機関では移り替わり日にしっかりと体制を組んで対応を行っている。

ダイヤ改正後のトレース

ダイヤ改正は、需要想定に基づき計画され実施される。計画担当者としては最適解のつもりで計画しても改正後に不都合が生じてしまうこともある。例としては、列車の間隔が空きすぎて想定以上に混雑が増えてしまったとか、乗換駅での接続が悪くなってしまったなど、利用者や乗客の声を受けた駅社員や車掌などから意見が寄せられる。ダイヤの計画部門では、これらを受け実態調査を実施し、改善策の検討を行い他への影響等を考慮した上で可能なものは、次

期ダイヤ改正を待たずに変更を行うようにしている。

　かつては、これらの変更を改正後3ヶ月程度の時期に「ダイヤ改訂」としてまとめて修正を行っていたが、最近ではタイムリーに修正することが重要視され、必要の都度行うケースがみられる。

第6章　臨時列車の輸送計画

需要の波動性と輸送計画の策定

　輸送需要には、波動性がある。波動には、朝の上り方向や夕方の下り方向のラッシュなど1日の中のもの、1週間の曜日による変化、祝日や連休による変化、1年を通じての季節による変化がある。この変化を過去の実績やイベント・行事の入場者予想などから輸送需要を想定することから始まる。

　通勤列車の朝夕の混雑対応や特急列車でも利用の多い時間帯の対応など1日の時間帯による変化は、通常、定期列車の配列で考慮される。これに曜日による変化を組み合わせ、平日用と土曜・休日用の2通りのダイヤを準備している線区は多い。一般的には通勤・通学需要の高い平日の運転本数の方が土休日よりも多くなっている。また、土休日ダイヤに週末の観光需要を想定した特急列車の増発を盛り込んでいる線区もある。

　増発する列車には季節列車と臨時列車がある。季節列車はダイヤ改正時に定期列車と合わせて基本ダイヤとして作成する。その上で期間、期日を定めて運転する。これに対して、臨時列車はその都度時刻を定めて(予定臨と呼ぶあらかじめ時刻を定めているものもある)運転するものである。

　年間の大規模な波動期は、ゴールデンウィーク、お盆休み、年末年始である。年間を春・夏・秋・冬の四半期に区切って波動輸送計画として策定しており、ゴールデンウィークは春季輸送計画、盆休みは夏季輸送計画、年末年始は冬季輸送計画として策定する。波動輸送計画の主な目的は2つあり、1つは基本ダイヤでは補えない輸

送需要に対して輸送力を的確に増強することと、2つ目は季節に応じた臨時列車を設定して需要を喚起することにある。

輸送力増強には、列車の増発と定期列車の編成増強がある。これらの計画は過去の輸送実績や曜日配列、最近の輸送のトレンドなどを分析し、適正な輸送力を確保するよう努力している。車両数や乗務員などは限界もあるためお盆休みや年末年始のような最ピーク時に充分な輸送力を確保することは難しい作業であるが、波動輸送計画担当者は車両の定期点検時期の調整など手腕の発揮どころである。また、これらの時期の特徴は前半の下りと後半の上りのそれぞれ片方向に顕著なピークが生じることである。

次に、季節ごとの利用者の需要を喚起するための臨時列車の増発は、春は花見、夏は海水浴、秋は紅葉狩りやフルーツ狩り、冬はスキー、スノーボードといった季節による観光需要を取り込み計画する。また、「リゾートしらかみ」に代表されるジョイフルトレインやお座敷列車など魅力ある車両を使用することで観光需要を喚起する臨時列車の運転も多数計画されている。

また、この他に団体臨時列車や工事列車の運転などの列車設定も臨時輸送計画として行われている。

ジョイフルトレインによる着地営業

JR東日本では、多客期を中心に首都圏からの観光目的の利用者の獲得や着地営業(観光地側の支社などが企画する営業)の充実を図るため、地方でのジョイフルトレインの導入を進めてきた。ジョイフルトレインは車両自体に魅力を持たせ、新幹線や特急からのアクセス列車として使用することで、需要拡大を狙った列車であり、その多くは臨時列車として運転している。

ジョイフルトレインによるアクセス列車は、車両の魅力ばかりで

なく、ダイヤにも工夫を凝らし、これまでの列車にないサービスを展開しているものもあり、JR東日本の代表的なジョイフルトレインを紹介しておきたい。

○**快速「リゾートしらかみ」**（平成9（1997）年3月～）

　秋田～弘前・青森間を夏季は毎日運転、冬季は土曜・休日を中心に運転している。世界遺産に登録された白神山地をはじめ、多くの観光資源が沿線に点在する五能線を運行している。車両はキハ40系を改造した「青池」（平成9（1997）年～）、「楡（ぶな）」（平成15（2003）年～）、「くまげら」（平成18（2006）年～）の3編成がある。平成11（1999）年から平成17（2005）年までの夏季には、観光に便利な「あきた白神駅」「十二湖駅」「ウェスパ椿山駅」「深浦駅」の4駅のいずれかの駅で単に、観光の後に、再び同じ列車が利用できる「蜃気楼ダイヤ」で運行された。

　また、東北新幹線の新青森開業（平成22（2010）年12月改正）に合わせて「青池」編成にハイブリッドシステムを搭載した新型リゾート車両（HB-E300系）を投入するとともに、3編成すべてを3両から4両に編成増強した。

○**快速「きらきらうえつ」**（平成13（2001）年11月～）

　新潟～酒田・象潟間を土曜・休日を中心に運転している。羽越線の村上、あつみ温泉、鶴岡、酒田を訪れる利用者のための着地型のジョイフルトレインとして登場した。車両は485系の特急車両を改造した4両編成である。

○**快速「リゾートみのり」**（平成20（2008）年10月～）

　仙台～新庄間を東北線・陸羽東線を経由して運転する。国内屈指の源泉数を誇る鳴子温泉をはじめ、東鳴子・瀬見・赤倉など、沿線に数多くの温泉が点在する陸羽東線は、芭蕉や政宗公ゆかりの名所も多く「奥の細道湯けむりライン」の愛称で親しまれている。車両はキハ40系を改造した3両編成で稲穂や紅葉をイメージしたシックなデザインとなっている。

○**快速「リゾートビューふるさと」**（平成22（2010）年10月〜）

　平成22（2010）年10月「信州デスティネーションキャンペーン」に合わせて大糸線内で運行を開始した。リゾートトレインとして初めてハイブリッドシステムを搭載した新型車両（HB-E300系）2両編成を使用している。

○**快速「リゾートあすなろ」**（平成22（2010）年12月〜）

　東北新幹線の新青森開業（平成22（2010）年12月改正）に合わせて、新青森〜蟹田間1往復、新青森〜大湊間2往復の運行を開始した臨時快速列車。平成14（2002）年7月から大湊線のジョイフルトレインとして運行してきた「きらきらみちのく」に替わって運転。車両はハイブリッドシステムを搭載した新型リゾート車両（HB-E300系）2両編成を2本使用している。

　ちなみに「きらきらみちのく」は「リゾートうみねこ」となり八戸線のジョイフルトレインとして運行する予定であったが、平成23（2011）年3月11日の東日本大震災と大津波により運行ができなかった。その後、八戸線の一部区間が開通すると、「リゾートうみねこ」とは名乗らずに普通列車の車両として運用した。平成24（2012）年3月17日、八戸線全線開通と同時にジョイフルトレイン「リゾートうみねこ」の愛称で八戸〜久慈間1往復運転した。

　しかし、定期列車の運転以外に、八戸駅での新幹線接続をとりながら、観光に有効な時間帯に運転させることは、単線である八戸線では難しいため、定期列車を「リゾートうみねこ」に立替えての設定となった。

　また、現在JR東日本では、単なる移動手段から「乗る」こと自体が目的となるような列車づくりを進め、様々な「のってたのしい列車」の運転を行っている。これらの列車については半期ごとに運転日をお知らせしている。**6-1**（図）

6-1 「のってたのしい列車」プレス参考資料

夜間の保守間合い

　列車運行の安全性を確保するために線路、架線、信号等のメンテナンスは重要である。しかし、車両と異なりこれら地上設備は検査用の予備を備えることが難しいことから、列車の運転間合いに行わ

ざるを得ない。

運転間合いは線区により様々であるが、概ね以下のようになっている。

首都圏の通勤線区は、終電の1時30分前後から初電の4時30分前後までの間でほぼ一定している。その他の主要線区は列車の運転時間帯により様々であり、列車本数の少ないところでは日中にも2時間程度の間合いが取れ

6-2　トロリー線点検作業

る線区もある。夜間は貨物列車の運転が間合いを決定する最も重要な要素となっており、貨物列車の発駅、着駅の時間帯によって、夜間の間合いが二分されるケースもある。これらは、ダイヤ改正の都度議論の俎上に上がり、何らかの折り合いを付けている。

なお、従来、線路の巡回点検等は日中の列車運転中に行うことも多かったが、作業安全の観点から夜間帯に線路閉鎖(設備の点検、補修のために一定の区間内に列車を進入させない…信号を停止現示に固定するなど…処置をとること)により行うケースが増えている。

各種工事に伴う輸送計画

輸送改善に向けた駅の構内改良等の工事は、列車の運行を行いながらの作業となるため、安全の確保を大前提に実施される。数年にわたる工事の中で線路の切換え等を行う場合、通常の夜間の間合いのみでは時間が足りないため、長大間合いを確保する。

JR東日本は、発足後約100件の大規模切換工事を無事実施してきた。例として東京臨海高速鉄道りんかい線の延長開業に向けた大崎駅の改良工事では、平成13(2001)年7月7日〜8日17時間、平成13(2001)年12月15日〜16日9時間、平成14(2002)年7月13日〜14日23時間、3回の長大間合い工事を実施した。

平成15(2003)年9月に実施した中央線三鷹〜立川間連続立体交差化に伴う切換工事では、ポイントの配線ミスなどにより、当初予定した運転開始時刻を約8時間遅らせてしまい、今後における大きな教訓となった。

長大間合いに伴い列車ダイヤも変更することになるが、最も長時間に及んだ平成14(2002)年7月13日〜14日の大崎駅の切換えのケースでは、埼京線は池袋折り返しとし池袋〜恵比寿(大崎)間約320本を運休、山手線に臨時電車を運転、湘南新宿ラインは、南行列車は池袋折り返し(一部上野発着に変更)、北行列車は品川等で折り返しを実施、特急列車については、新特急「とちぎ」「あかぎ」を池袋

6-3 新宿駅切換工事(第5回)

着発とし、成田エクスプレスは、東京〜新宿・池袋・大宮間34本を運休とした。このような計画は、ダイヤの作成に合わせ車両や乗務員の臨時運用計画、駅社員の増員等ダイヤ改正に匹敵する作業が必要となる。

甲種鉄道車両の輸送計画

車両メーカーで作られた新造車両は、通常JR貨物の機関車にけん引されて営業線区まで運ばれる。この輸送を「甲種鉄道車両輸送」といい、貨物運送約款では「貨車に積載しないでそれ自体の車輪を使用して輸送する」と定められている。機関車でけん引されるが、電気的には接続されていないため、貨物列車と同様に最後尾に赤い反射板を掲出して運行される。なお、「甲種」に対して、「乙種」は自分の車輪で走ることができない車両のことで貨車に積載されて輸送する形態であるが、現在では見られなくなってきている。また、船舶による新幹線車両などの輸送は「丙種」という。

JR東日本の甲種車両輸送の発授受駅、搬入経路、着授受駅、け

6-4　甲種鉄道車両輸送

6-5 甲種車両輸送の状況（JR東日本）

（実績は平成22年8月～23年7月）

発注会社	メーカー	発授受駅	搬入経路	着授受駅	牽引機	実績
東日本 EF510-500 番代	川崎重工	兵庫	兵庫～山陽本線～神戸～東海道本線～小田原～東海道貨線～ 新鶴見～武蔵野線～南流山～馬橋支線～馬橋～常磐線～三河島～ 常磐貨物線～田端操	田端	EF65等	5
東日本 HB-E300	新潟トランシス	黒山	黒山～白新線～新潟タ～白新線～新発田～羽越本線～秋田～ 奥羽本線～青森信	青森信	EF81等	1
東日本 HB-E300	東急車輛	逗子 （池子）	逗子～横須賀線～大船～根岸線～桜木町～高島線～鶴見～東海道貨線～ 新鶴見～武蔵野線～大宮～高崎線～高崎～上越線～長岡～信越本線～ 新津～羽越本線～秋田	秋田	EF81等	1
東日本 E721系	川崎重工	兵庫	兵庫～山陽本線～神戸～東海道本線～小田原～東海道貨線～ 新鶴見～武蔵野線～大宮～東北本線～仙台	仙台	EF65等	1
東日本 E657系	近畿	徳庵	徳庵～片町線～吹田～東海道本線～神戸～山陽本線～下松	下松	EF510-500 等	1
	近畿・日立	下松	下松～山陽本線～神戸～東海道本線～小田原～東海道貨線～ 新鶴見～武蔵野線～北小金～常磐線～勝田	勝田		1
東日本 E233系 グリーン車	東急車輛	逗子 （池子）	逗子～横須賀線～大船～根岸線～桜木町～高島線～鶴見～東海道貨線～ 新鶴見～武蔵野線～大宮 大宮～高崎線～高崎～上越線～長岡～信越本線～新津	新津	EH200 等	1

ん引機関車、実績を6-5(表)に示した。例えば、総合車両製作所(旧東急車輛製造)製の車両については、同社横浜製作所の専用線が京浜急行金沢八景駅に接続しており、そこから神武寺駅手前まで京浜急行線を走行し横須賀線逗子駅6-6(図)との短絡線へと進む。逗子駅からはJR東日本線を経由し目的地へ向かっていく。このために京浜急行金沢文庫駅〜神武寺駅間は京浜急行の列車用の標準軌と甲種車両輸送用の狭軌を併設した三線軌構造となっている。

　他の鉄道会社についても同様の甲種車両輸送により新車などの受け取りを行っている。西武鉄道との授受駅新秋津を6-7(図)に、東急電鉄との授受駅長津田を6-8(図)に示した。

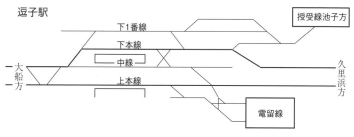

6-6　横須賀線との授受駅　逗子駅

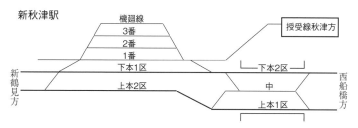

6-7　西武鉄道との授受駅　新秋津駅

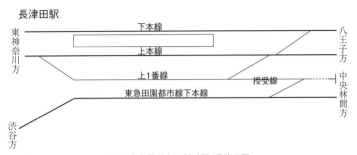

6-8 東急電鉄との授受駅 長津田駅

第7章　新幹線の列車ダイヤ

　新幹線輸送は、東京オリンピック開会式を10日後に控えた昭和39(1964)年10月1日に東海道新幹線の東京～新大阪間で産声を上げた。開業当時の営業列車本数は1日60本、開業年度の輸送人員は1,100万人であった。その後、山陽、東北、上越、北陸、九州、北海道新幹線と路線を拡大し、現在は開業当初の5倍以上にあたる総営業キロ約3,000km(山形、秋田新幹線を除く)、輸送人員3.4億人(平成26年度)を数え、国内旅客輸送の主役としての地位を得ている。

　乗客が旅行する際に、様々な交通機関の中から新幹線を選択される基準は、その速達性(早く)、利便性(待たずに)、快適性(座って)、安定性(正確に)などにある。JR東日本の新幹線は、昭和57(1982)年6月23日の東北新幹線大宮～盛岡間、並びに同年11月15日の上越新幹線大宮～新潟間の開業以降、これらのレベルアップに向けて、ダイヤ改正等を通じて輸送改善を図ってきた。

　開業当初(昭和57年6月)は、1日の列車本数は20本、車両は12両編成1種類の12本、合計144両という規模の小さいものであったが、平成27年3月現在では、1日の列車本数は定期列車で337本、繁忙期には臨時列車も含め400本以上、車両は9種類で合計1,335両の規模に拡大した。JR東日本の鉄道輸送において、新幹線は輸送量(人キロベース)で全体の16%、運輸収入で全体の30%を占め、ネットワークの拡充等に伴い、その割合は年々増加するとともに重要性が高まっている。

　以下、JR東日本の新幹線の特徴とこれまでの歩みについて、ネットワークの拡充や、新型車両投入による速度向上等を中心に述べる。

大宮開業から上野開業まで

東北新幹線は昭和57(1982)年6月23日大宮〜盛岡間が開業、上越新幹線は同年11月15日大宮〜新潟間が開業した。工事計画では上野始終着とされていたが、大宮〜上野間の工事完成が当初計画より大きく遅れる見込みとなったため（上野までの開業は昭和60(1985)年3月）、暫定的な開業として実施されたものである。

開業当時（昭和57年11月）の諸元は以下の通りである。

○ **営業キロ**　　大宮〜盛岡間　505.0km　　大宮〜新潟間　303.6km
○ **運転本数**　　東北新幹線30往復（6月開業時は10往復）、上越新幹線21往復
○ **最速到達時分**　大宮〜盛岡間3時間17分、大宮〜新潟間1時間45分
○ **車両編成**　　200系12両編成
○ **車両数**　　　12本144両

東京開業（平成3年6月改正）

大宮開業から9年後の平成3(1991)年6月20日に東京〜上野間が開業し、念願の東京駅発着が実現した。この時のダイヤ改正の大きなポイントは、東北・上越新幹線に供する設備がホーム1面・着発線2線のみの東京駅でどのように列車の折り返しダイヤを組んでいくかということと、上野駅の取り扱いであった。

各種の制約条件から東京〜大宮間の運転間隔を4分とした。その結果1時間当たりの最大運転本数は15本となる。このうち概ね3〜4本を東北新幹線定期列車、2本を上越新幹線定期列車、その他を上野新幹線第一運転所への回送列車や臨時列車とした。

実際のダイヤを組むためには、東京駅での営業列車から営業列車

への折り返しを12分以内で行うことが必要となった。

実現に向けて、本社、新幹線運行本部、清掃を担当する鉄道整備㈱の間で様々な角度から検討が行われた。その結果12分のうち到着から降車終了

7-1　コメットクルー（提供：鉄道整備㈱）

までの2分、清掃終了から発車までの3分を除いた7分を清掃時分に使用することを決めた。但し、従来上野駅で最短でも16分要していた列車の折り返し（清掃含む）を大幅に短縮するために、上り列車の車内で発生した大きなゴミをあらかじめ到着前に回収しておくことにした。この作業のために鉄道整備㈱では新たに女子大生のアルバイト採用を決定、ユニフォームを新調し「コメットクルー」の愛称でスタートした（**7-1**（写真））。

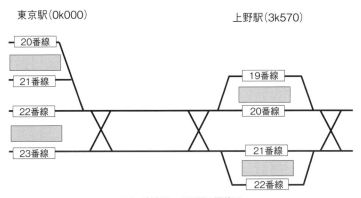

7-2　東京駅・上野駅の配線図

また、もう1つの大きなテーマは、始発・終着駅から中間駅となる上野駅の停車をどうするかという問題であった。東京開業後、新幹線の上野駅の乗降人員は大きく減少すると予想されており、これまで北の玄関口として担っていたターミナルの使命は大きく低下する。地元の商店会などでは上野駅周辺の衰退につながるとして警戒の色を強めていた。

　結局、東京駅発着列車は193本となり、このうち183本が上野駅に停車した。また、東京駅が1面2線とホーム容量が小さいためすべての定期列車が東京駅発着とはならず、上野駅発着列車が8本残ることとなった。

　現在、東京駅は2面4線となっているが、これは平成9(1997)年10月の長野新幹線開業による運転本数増に対応したものである(7-2(図))。東京開業時は22、23番線(当時は12、13番線)の1面2線だった。

山形新幹線開業(平成4年7月改正)

　東京開業の翌年、新幹線は新しい時代を迎えた。平成2(1990)年に開始した奥羽本線福島～山形間の新幹線・在来線直通化の工事が完成し、山形新幹線として平成4(1992)年7月1日に営業を開始することとなった。

　新在直通運転により、新幹線と在来線特急「つばさ」の乗り換えが解消されるとともに、在来線区間の速度向上により、到達時分(下り平均)は3時間12分(平成2年4月)から26分短縮し2時間46分となった。

　列車ダイヤの面からみると、山形新幹線の開業後は分割・併合を行う福島駅の列車順序を基本として東北新幹線のダイヤが構成されるようになったといっても過言ではない。

新幹線と在来線を結ぶ線路をアプローチ部と呼んでいるが、福島駅の場合はアプローチ部が単線で分割・併合とも下り2番線の1線のみでしか行えないため、下りと上りの「つばさ」は福島以外の駅で行き違いするようなダイヤとしている。また、「つばさ」を併結する「やまびこ」は下りの分割と上りの併結の際に約5分停車しており、この時間を活用して「はやぶさ」「はやて」など長距離速達タイプの列車を通過させることとしている。速達タイプの列車と停車タイプの列車が共存している東北新幹線において、新たに列車通過待ちの時間を発生させることなくダイヤを構成する上で、福島駅が重要なポイントとなっている。

　山形新幹線はその後、平成11(1999)年12月に山形〜新庄間が延伸され、沿線の活性化や利便性向上に貢献している。

2階建て新幹線登場

　東北・上越新幹線は東京〜大宮間を共用しているため、この区間のダイヤをどのように編成するかは重要な課題である。東北・上越新幹線は開業時全列車が12両編成であったが、ホームや電留線の長さは16両分が確保されており、ホーム上屋延伸や停止位置目標の変更などを行えば16両化が可能であった。高まる需要に対応し、平成3(1991)年6月のダイヤ改正において、東京〜仙台・盛岡間を運転する停車駅の少ない「やまびこ」を中心に9往復を16両化した。最大の座席数を得るために1列車の編成両数を増やすという方法はこれが限界である。

　新幹線利用時に乗客が期待するものは何か。第一は速達性、すなわち到達時分である。同時に当然のサービスとして期待されているのは快適性つまり「座れる」ということである。新幹線で自由席の利用が定員を超えるのは、主にゴールデンウィーク、お盆、年末年

始の多客期と平日朝夕の通勤ラッシュ時間帯である。既に最大16両化を行うまでに至った次の対策として考えられたのは、1両当たりの定員を増やすこと……オール2階建て車両の投入である。

Multi Amenity Express（略称Max：マックス）と命名されたこの車両は、E1（イーワン）系と称され、第一に最大限の座席数確保が求められた。同時に、フル規格新幹線車両（山形新幹線など在来線区間に直通するため車体の断面を小さくした車両に対し、新幹線区間のみを走行する車両をこう呼ぶ）としてはJR発足後最初の車両であることから、居住快適性の向上やコストパフォーマンスの高い動力ユニットの採用などが要求された。

7-3 オール2階建て新幹線E1系（上）とE4系（下）

E1系は平成6（1994）年から投入され、同年12両編成2本の使用を開始した。座席定員は、200系12両編成（定員885名）と比べて40％増の1,229名であり、東北・上越新幹線の利用の多い時間帯の着席サービスの向上に貢献した。その後、E1系はすべて上越新幹線での使用となった（7-3（写真））。

E1系は平成7（1995）年にかけて12両編成6本が投入されたが、その後、2階建て車両で必要な輸

送力に応じて分割併合の可能な8両編成を新造することになり、よりフレキシブルな車両の使用が可能となった。2階建て8両編成の新形式E4系は、平成9(1997)年以降投入され、2本併結して16両編成とすると定員は817×2＝1,634名となり、高速列車では世界最大の定員に達した。平成18(2006)年3月時点では、東北新幹線で首都圏の朝夕の通勤・通学時間帯に2本の列車が16両編成で運転されていた他、山形新幹線「つばさ」と連結される東京～仙台間の「やまびこ」に使用されていた。また、上越新幹線においても朝夕6本の列車が16両編成で運転されていた他、在来線特急の「はくたか」や「いなほ」に接続する「とき」など、利用者の多い列車を中心に使用されていた。(**7-33**(図)参照)

遠近分離の列車体系(平成7年12月改正)

東北新幹線では、昭和57年の開業時に当時の東海道新幹線の「ひかり」「こだま」に追随する形で、主要駅停車タイプの「やまびこ」と仙台までの各駅停車タイプの「あおば」が設定された。その後、昭和60年の上野開業以降仙台～盛岡間ノンストップの「速達やまびこ」が徐々に設定されるようになったが、平成3年の東京開業以降も仙台までの基本的な停車駅パターンは開業時のそれを踏襲していた。しかし、仙台方面への利用に「やまびこ」を選択する利用者の比率が高いことと、宇都宮～東京間等の近距離の増加率が高いことから、「やまびこ」が混雑し、「あおば」は宇都宮以北では低い乗車率を示すなど、輸送需要と列車体系のミスマッチがみられた。このため、平成7(1995)年12月のダイヤ改正では、「あおば」の設定本数を削減して那須塩原行きの短区間運転列車「なすの」を上下合わせて30本新設するとともに、仙台行きの「やまびこ」を上下合わせて15本増発した。この結果、遠距離と近距離の利用者の区分が図ら

れ、乗車率が平準化された(**7-4**(表))。

この考えは、その後上越新幹線にも適用され、新潟行きの「あさひ」(現在は「とき」)と越後湯沢・高崎行きの「たにがわ」の2系統に整理された。

7-4　平成7年12月ダイヤ改正時の東北新幹線停車駅パターン(下り)

			東京	上野	大宮	小山	宇都宮	那須塩原	新白河	郡山	福島	白石蔵王	仙台	古川	くりこま高原	一ノ関	水沢江刺	新花巻	盛岡	
やまびこ	東京〜盛岡	標準	○	○	○					○	○		○	○	○	○	○	○	○	
			○	○	○					○	○		○						○	
					●						●		○						○	
			●	●	●		●			●	●		○	○	○	○	○	○	○	
		つばさ併結	○	○	○					○				←「つばさ」単独運転						
					●	●	●				●		○							
			●	●	●		●			●	●	△	○							
	東京〜仙台	単独	○	○	○			△	○	○			○							
			○	○	○		△	○	○	○			○							
			○	○	○		○			○	○		○							
			○	○	○	○	○			○	○		○							
			○	○	○	○	○			○	○		○							
あおば	東京〜仙台		○	○	○	○	○	○	○	○	○	○	○							
なすの	東京〜那須塩原		○	○	○	○	○	○												

注)「△」は一部停車
注)「●」は「やまびこ」「つばさ」併結運転

秋田新幹線開業(平成9年3月改正)

　山形新幹線から遅れること5年弱、平成9(1997)年3月、2番目の新在直通運転が営業を開始した(**7-5**(写真))。全線単線である田沢湖線盛岡〜大曲間を標準軌に改軌し、また、一部複線化されていた奥羽本線大曲〜秋田間を1線ずつ標準軌と狭軌(単線並列と呼んでいる)の配列とした。さらにその一部の神宮寺〜峰吉川間は標準軌同士の行き違いができるように片側の線路に3本のレールを敷き、標準軌と狭軌のいずれの車両も走行できるようにした(**7-6**(図))。

　東京〜秋田間は、直通化による時間短縮効果があるとはいえ、到達時間が4時間程度という航空機との競争が最も厳しい条件下にある。東京〜秋田間の到達時分を短縮するためには、東京〜盛岡間の所要時分を最短とする必要がある。しかし、開業の時点では、秋田新幹線「こまち」用車両が最高速度275km/hのE3系5両編成で統一されたのに対し、東北新幹線「やまびこ」に使用する最高速度275km/hのE2系8両編成は、東京〜秋田間13往復中3往復分のみの運用であった。このうち1往復が、東京〜秋田間を最速達の3時間49分で結び、開業前(平成7年12月)と比べ到達時間を48分短縮した。残りの「やまびこ」には最高速度240km/hの200系を充当した。

　一方、少しでも到達時間を短縮するための工夫をダイヤ面で行うこととした。秋田新幹線開業前の

7-5　「こまち」開業式

「やまびこ」のうち、仙台～盛岡間途中ノンストップの列車は6往復で、残りは各駅に停車する列車であった。しかし、「こまち」を併結する13往復の列車をすべて仙台～盛岡間でノンストップにしてしまうと、中間駅の乗車チャンスが減少し、不便になる。そこで考えられたのが、仙台駅で「こまち」と「やまびこ」を分割・併合する方法であった。200系と併結運転する「こまち」10往復のうち、3往復は東京～仙台間を「やまびこ」と「こまち」が併結し、少ない停車駅で運転する。その後、仙台駅で分割し、「こまち」が先に発車、盛岡までノンストップ最高速度275km/hで疾走する。一方、分割された「やまびこ」は、後を追うように発車し、盛岡まで各駅停車の運転を続ける。平成9(1997)年の開業から2年程度はこのような運行形態を採ったが、東北新幹線用E2系の増投入やその後のダイヤ改正により、「こまち」併結の「やまびこ」はすべてE2系に置き換わり、平成14(2002)年12月八戸開業時は10両編成化され「はやて」に生まれ変わった。また、この時期に合わせ、秋田新幹線全体の到達時間短縮のため、羽後境駅に標準軌の行き違い設備を増設した。

その後、平成17(2005)年12月ダイヤ改正

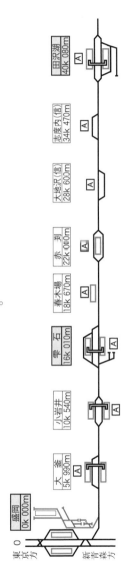

秋田新幹線開業（平成９年３月改正）

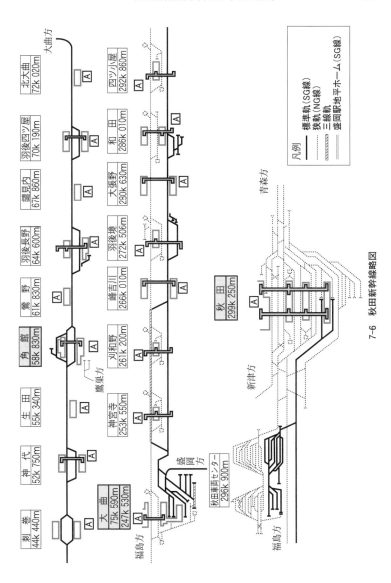

7-6 秋田新幹線略図

では、「こまち」の利便性向上のため1往復を増発、現在の16往復体制となった。また、同改正では盛岡発着「はやて」1往復を増発しているが、仙台以北の停車間隔を考慮し千鳥停車(列車ごとに途中停車駅が異なること)としたことから、多客期に同「はやて」と併結運転する「こまち」は仙台駅での分割・併合とし、対秋田の到達時分増を抑制した。

東京～秋田(下り)の平均到達時分は、停車駅の見直しなどを行い、開業時の4時間21分から4時間01分(平成19(2007)年3月改正時)に20分短縮された。

長野新幹線開業(平成9年10月改正)

平成9(1997)年は3月に秋田新幹線と北越急行線「ほくほく線」が開業するとともに10月には長野新幹線が開業し、新幹線にとって賑やかな年となった(7-7(写真))。長野新幹線高崎～長野間の開業は、全国新幹線鉄道整備法による国の事業である。いわゆる整備新幹線最初の開業路線として北陸新幹線の一部が長野冬季オリンピックに間に合わすべく完成されたものである。

新幹線の開業に合わせて並行する信越本線はJR東日本から経営分離された。そのうち横川～軽井沢間は鉄道が廃止、路線バスに転換され、また、軽井沢～篠ノ井間は第3セクター「しなの鉄道」に経営が移管された。

新幹線開業前の在来線特急「あさま」が上

7-7　長野新幹線用E2系

野〜長野間を最速達列車で2時間39分要していたのと比べ、長野新幹線はほぼ半分の1時間20分程度の到達時分で結び、長野エリアは首都圏からの日帰り圏となった。

ダイヤ編成の面でもこれを最大限に活かすことを目指した。ポイントとなったのは高崎駅の停車をどのようにするかであった。東京〜高崎間は既に上越新幹線の定期列車が上下87本運転（平成9（1997）年3月改正時）されていた。これに長野新幹線の56本が加わることになり、全体の輸送体系において高崎を中心とする中間駅の利便性と新潟、長野への速達性とのバランスをいかにとるかを検討課題とした。

その結果、途中駅を通過する速達タイプの列車を午前2往復、午後2往復設定した。新幹線開業以降、佐久平駅等の乗降人員の増加が著しい駅については、以後のダイヤ改正において需要に応じて停車列車を追加した。

八戸開業（平成14年12月改正）

JR東日本が全株政府保有の特殊会社として発足以来、政府は平成5（1993）年を皮切りに順次株式の売却を進めてきたが、平成14（2002）年6月21日、発足から15年と82日を経てすべての株式が売却され、完全民間会社に移行した。この記念すべき年の12月に東北新幹線盛岡〜八戸間が延伸開業することになった。北陸新幹線高崎〜長野間に次ぐ整備新幹線の開業である。

八戸開業では、JR発足後の新幹線輸送の技術面、サービス面の進歩を様々に取り入れた21世紀初頭のダイヤ改正として相応しいものを目指した。

東京〜八戸間の列車は従来の東京〜仙台・盛岡間の「やまびこ」とは名称を分けることになり、一般公募を行い検討した結果、「は

やて」と命名した(**7-8**(写真))。車両は平成9(1997)年から投入してきたE2系8両編成をベースとし、環境対策や乗り心地を改善したE2系=1000番代10両編成とした。従来のE2系を8両編成としていたのは、特に利

7-8 「はやて」出発式

用の高い列車についてE4系同様2本連結して16両運転を可能とすることを目論んでいたものだが、反面、秋田新幹線「こまち」を併結する列車は8両編成を余儀なくされる。八戸、秋田への速達性を最大限発揮しつつ東北新幹線内の主要駅の利便性を確保するためには、「こまち」と「はやて」を併結して運転することが妥当と判断されていたことから、「はやて」を8両編成のままとすると、輸送力の不足が生じることになる。「はやて」は東京〜八戸間の列車であるが、同時に東京〜仙台・盛岡間の速達ニーズに応える使命もあるため、10両化を図ることとした。

E2系10両編成は、八戸開業後も引き続き従来の200系の置き換えのために投入され、「はやて」に加え盛岡発着の「やまびこ」を中心に使用されている。10両編成とした結果、E2系2本の併結運転は不可能となったが、需要の多い列車には「こまち」用のE3系を併結して東北新幹線内の輸送力補完として活用している。

八戸開業のダイヤでは、東北新幹線のダイヤを抜本的に変更することとした。

従来、各方面の新幹線が東京〜大宮間の線路を共用していること、東京駅が2面4線で折り返しダイヤに制約を抱えていること、列車

ごとに車両編成が異なること、単線区間を抱える山形・秋田新幹線と直通運転を行っていることなどから、列車ダイヤを規格化することは困難とされていた。一方、利用者や社員からは「時間帯ごとに発車時刻を統一して、わかりやすく覚えやすいダイヤにして欲しい」などの声があったことから、列車群ごとに停車駅パターンを統一し発車時刻を揃える「パターンダイヤ」を日中時間帯に導入した。

「はやて」開業後4年目の平成17(2005)年12月〜平成18(2006)年11月末までの盛岡〜八戸間の乗車実績は、12,200人(日/往復)であり、在来線時代の「はつかり」と比較して160%と大幅に利用が拡大した。

平成16年3月改正

平成16(2004)年3月のダイヤ改正は、特に上越新幹線における通勤・通学需要の高まりに対応したものといえる。通勤・通学時の利用は、新幹線開業以降著しい伸びを示しており、朝9時過ぎまでに東京駅(上野駅)に到着する列車の座席数はJR東日本発足当時と比較して4倍を超え、東北、上越新幹線それぞれ約13,000席となっていた。利用者も東北、上越新幹線それぞれ10,000人前後に及んでいた。

このような状況の中で、上越新幹線の熊谷〜高崎間に新駅「本庄早稲田」が開業した(7-9(写真))。本庄早稲田〜東京間の到達時分は最短で49分となり、在来線を利用した本庄エリアから首都圏への

7-9 本庄早稲田駅

到達時分を約40分短縮した。新駅開業による需要増に応えるため、2階建て8両編成のE4系を増備し、朝夕の通勤・通学時間帯にE4系の16両併結運転列車を5本増発した。

本庄早稲田駅の平日の利用は、開業当初の約2,300人／日が、現在は4,000人／日を超える状況となっている。

新幹線ダイヤの特徴

JR東日本の新幹線の列車ダイヤは、非常に複雑なものとなっている。

その要因としては、

① 東北、山形、秋田、上越、北陸の5方面に向かう列車が東京〜大宮間の線路を共用していること
② 300本を超える営業列車が発着する東京駅が2面4線の配線となっており、折り返し作業に余裕がないこと
③ 福島駅での東北新幹線と山形新幹線との直通ルートが1線しかないため、上下の「つばさ」を同時に発着させることができないこと
④ 東北新幹線の場合、「はやぶさ」「はやて」などの速達タイプの列車が「なすの」などの停車タイプの列車を追い越す駅の時刻に、ダイヤ全体が制約を受けること

などが挙げられる。

このような制約条件のもとでダイヤを作成してきた結果、規則性の低いダイヤとなっていたことを踏まえ、発車時刻、停車駅の統一などにより利用者にとって使いやすいダイヤに変更したのが、前述した平成14(2002)年12月ダイヤ改正の主眼である。

①に関して、東京〜大宮間では最大限の列車を設定するために4分の等間隔ダイヤ(「平行ダイヤ」と呼ぶ)としている。臨時列車用

にいくらかの「穴」(駅での在線可能な時分)を確保しているが、朝夕はほとんど余裕がない状態である。

②に関して、営業列車で折り返す場合の車内清掃時間を短縮し最短12分とすることと、到着列車を短時間で折り返し車両基地に回送させたり、到着した回送列車を短時間で折り返し営業列車として発車させるなど東京駅での個々の列車のホーム占有時間を極力短くし、回転率を高めることで対応している。

③④に関する1つの対策として、福島駅のダイヤ構成について述べたい。

福島駅は、7-10(図)に示すように上下本線(通過線)とホームのある下り1番線、2番線、上り1番線、2番線で構成されている。山形新幹線の米沢方に接続されているのは下り2番線のみであり、「つばさ」は下り列車、上り列車ともこの線を発着する。従って、「つばさ」とこれに併結される東京〜仙台間運転の「やまびこ」も福島駅で上下列車が行き違うことはできない。また、下り列車が福

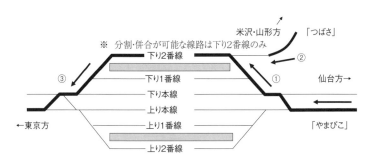

①上り「やまびこ」は下り線と交差して進入
②アプローチを上ってきた「つばさ」は必ず「やまびこ」の後ろに連結
 (上り「やまびこ」が遅れると「つばさ」は信号機の手前に停止)
③併結後、再び下り線と交差して進出

7-10 福島駅構内配線図と上り列車の併合パターン

110　第7章　新幹線の列車ダイヤ

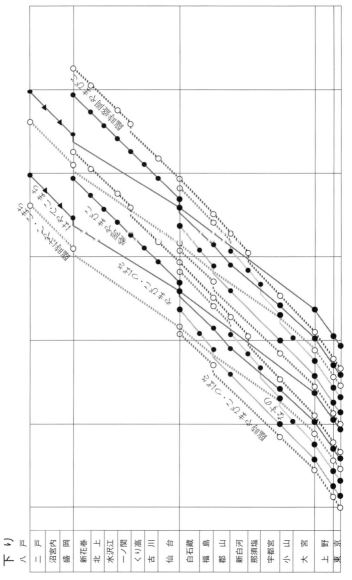

7-11　平成17年12月改正の東北新幹線

新幹線ダイヤの特徴

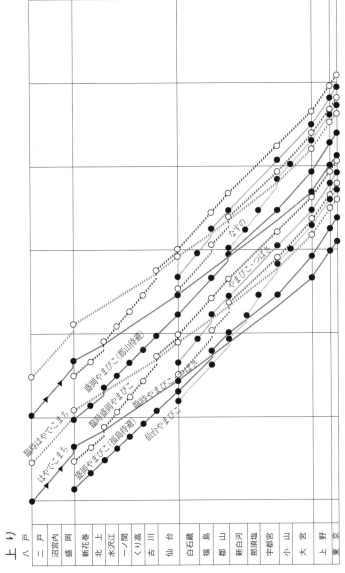

列車配列（日中パターンダイヤ時間帯）

島駅に到着してから「やまびこ」と「つばさ」が分割され発車するまで、「つばさ」が約3分、「やまびこ」が約5分を要する。「やまびこ」が停車するこの間合いを活用して福島駅を通過する下り「はやて」「こまち」が追い越しを行う。上り列車の場合、「やまびこ」が仙台方面から下り本線と交差して下り2番線に到着し、その後「つばさ」が米沢方面から到着、併結されて発車するまでの間に上り「はやて」「こまち」が通過していく。

「はやて」「こまち」、「やまびこ」「つばさ」とも基本的に1時間1本の設定であり、福島駅のダイヤ構成が東北新幹線のダイヤパターンを決する重要な要素となっている。

これらのダイヤを**7-11**(図)に示した。

平成17年12月改正

東京駅は平成3(1991)年に1面2線で開業し、長野新幹線開業の平成9(1997)年10月に2面4線となって以降、利用者のわかりやすさの観点から、基本的に20番、21番線を上越・長野新幹線用、22番、23番線を東北新幹線用として方面別に発車番線を区分した使用方法をとってきた。この目的自体は十分に果たされてきたが、特にニーズの高い時間帯に増発を行ううえでは、ダイヤ作成上の大きな制約にもなっていた。

そこで、平成17(2005)年12月のダイヤ改正では、案内表示装置の充実と同時に番線の使い方を見直し、方面別の使用を改めることにより、利用の多い時間帯の東京駅発着の列車本数を増やすこととした。新設された案内表示装置はフルカラーディスプレーで列車名、発車時刻などをグループごとに色分けして表示している。ダイヤ改正実施後案内上の大きなトラブルもなく推移している(**7-12**(写真))。

ダイヤ自体では、東京～盛岡間に「はやて」2往復を増発した他、

7-12　東京駅フルカラーLED新幹線ホーム

利用の多い「こまち」「つばさ」を各1往復増発した。また、仙台駅で「はやて」と「やまびこ」の乗り換えが可能なダイヤとした。

平成20年3月改正

　速達ニーズが高まる中で、利用の多い仙台から東京方面について、朝時間帯の速達列車設定を望む多くの利用者の声に応えるため、定期列車では初めて仙台始発となる仙台～大宮間ノンストップ運転の「はやて」を増発した。それまで、東京駅に9時頃に到着するには、仙台駅を6時台に発車する必要があったが、この増発により、仙台駅を7時16分に発車、東京駅には9時4分に到着することで、平日には午前中の会議等に出席可能なビジネス向けとして、土休日にはレジャー向けとして利便性が向上することとなった。

　このダイヤ改正では、信号設備の改良による到達時分の短縮も行った。運転制御方式をDS-ATC（デジタルATC）に改良することで、運転速度を段階的に制御する方式から連続的に制御する方式に変更し、先行列車との間隔をリアルタイムに最適な状態に保つことによ

り、運転間隔の短縮が可能となった。到達時分の短縮は、停車駅が多い列車ほど効果があり、盛岡～東京間の「やまびこ」で3～4分の短縮となった。上り「やまびこ」では、列車待ち合わせの回数を2回から1回に削減することが可能となり、下り列車と比較してさらに大きな短縮を図ることができた(**7-13**(表))。

平成21年3月改正

前年新設した仙台始発の「はやて」に続き、仙台エリアから首都圏へのビジネス利用の復路の需要に応えるため、「座って」「早く」をコンセプトに仙台行き「はやて」を夕時間帯に新設した。東京発18～20時台の仙台方面の列車は比較的混雑しており、特に19時台の盛岡行き「やまびこ」は恒常的に利用が多く、週末は乗車率が100％を超える状態となっていた。このことから、新設の「はやて」

7-13 「盛岡やまびこ」の平均到達時分

		改正前	改正後	短縮時分
東京～仙台	下り	1時間58分	1時間55分	△3分
	上り	2時間08分	2時間04分	△4分
東京～盛岡	下り	3時間17分	3時間13分	△4分
	上り	3時間23分	3時間17分	△6分

7-14 「とき」「たにがわ」「あさま」の短縮時分

列車群	時分短縮効果			時分短縮となる列車本数
	区間	平均	最大	
とき	東京～新潟	1分程度	5分	54本中36本
たにがわ	東京～越後湯沢	2分程度	5分	30本中29本
	東京～高崎	1分程度	3分	9本中9本
あさま	東京～長野	1分程度	6分	56本中31本

は、これまで設定がない19時台に設定し混雑緩和を図ることとした。

また、前年に東北新幹線で実施した信号設備の改良(DS-ATC(デジタルATC)化)が上越新幹線の大宮〜越後湯沢間でも行われ、この区間を運転する「とき」「たにがわ」「あさま」の到達時分が短縮された。時分短縮効果は、列車や区間によって異なるが、平均で1〜2分程度、最大では3〜6分となった(**7-14**(表))。

新青森開業(平成22年12月改正)

八戸〜新青森間は、全国新幹線鉄道整備法に基づき整備計画が決定された整備新幹線として、平成14(2002)年12月の八戸開業から8年を経て平成22(2010)年12月に開業した。

当初、八戸〜青森間は新幹線鉄道直通線(ミニ新幹線)として整備される計画であったが、平成6(1994)年の与党申し合わせにおいてミニ新幹線計画を取り下げることとし、平成8(1996)年の与党三党の申し入れ(八戸・新青森間(標準軌新線)等)に基づき、フル規格での整備計画となった。完成時期について、平成12(2000)年の政府・与党の申し合わせでは、「今後概ね12年後の完成を目指す」としていたが、平成16(2004)年政府・与党の申し合わせにおいて、「平成22(2010)年度末の完成を目指す」として工期短縮が図られ、新青森開業は平成22(2010)年12月4日となった。

列車の運行体系については、これまで八戸発着としていた「はやて」を新青森まで延長し、開業時はすべての「はやて」をE2系車両で運転することとした。

○東京〜新青森間　15往復
○仙台〜新青森間　1往復
○盛岡〜新青森間　1往復

盛岡〜新青森間については、改正前平日のみ盛岡〜八戸間を運転

していた下り列車を延長し、毎日運転の定期列車として設定する一方、上り列車は新規設定とした。開業前の八戸発着列車は、上下で16往復＋1本（下り平日運転）であるが、開業後では1往復増（下り列車の定期化を含む）の17往復とし、増発の新青森発上り列車は最終の盛岡行きとして21時台に設定することにより、青森、八戸での滞在時間を大幅に増加することが可能となった。

また、首都圏～仙台以北間の速達ニーズに応えるため、東京～盛岡間を運転する「はやて」を上下9本増発し、さらに、東京～仙台間を運転する「はやて」上下2本を盛岡まで延長した。これにより、東京～盛岡間を運転する「はやて」は上下11本増となり、改正前の上下3本と合わせて合計14本となった（**7-15**（表））。

増発については、仙台～盛岡間の途中駅と首都圏間の速達性向上に加え、今後の輸送量の増加にも対応するために設定したものであ

7-15 「はやて」の運転本数（東京～盛岡・新青森間）

	改正前	改正後	増減	記　　　　事
下り	17本	22本	＋5本	・東京→盛岡　　　　　　　　　　2本→7本 ・東京→新青森（改正前八戸）　15本→15本
上り	16本	22本	＋6本	・盛岡→東京　　　　　　　　　　1本→7本 ・新青森（改正前八戸）→東京　15本→15本

7-16　東京～各方面の到達時分：下り

	新青森（青森）	弘前	函館	記　　事
改正前	（3時間59分）	4時間40分	5時間58分	八戸乗継時間を含む
改正後	3時間23分	4時間13分	5時間45分	弘前・函館は新青森乗継時間を含む
短縮時分	△36分＊	△27分	△13分	

＊東京～新青森間の短縮時分は、改正前の東京～青森間の最短到達時分（八戸乗継時間を含む）との比較

る。東北新幹線の輸送量は、平成19年度まで順調に増加してきたが、翌年の急激な景気後退から前年を下回る状況となっていた。しかしながら、新青森開業により首都圏と青森エリアの到達時分が短縮され(**7-16**(表))、対抗輸送機関との競争力が増すことから、新幹線利用者の増加を見込み、輸送力を増強していく必要があった。東京〜新青森間の列車本数は、それまでの東京〜八戸間の本数と同じ15往復の設定であり、盛岡以北で輸送力が不足することはない。一方、盛岡以南では、特に東京〜仙台・盛岡間の利用者が、速達タイプである東京〜新青森間運転の「はやて」を利用することとなり、東京〜盛岡間で「はやて」の輸送力が不足することから、この区間で増発を行うこととした。なお、東京〜盛岡間を運転する「やまびこ」については、輸送力調整により仙台〜盛岡間を下り4本、上り5本削減し、運転区間を東京〜仙台間に変更することとした。

「はやぶさ」デビュー

平成23(2011)年3月5日、新型高速新幹線車両E5系が登場し、「はやぶさ」として国内営業最高速度300km/h(宇都宮〜盛岡間)での運転を開始した(**7-17**(写真))。新型車両は、最先端の技術を結集して環境性能・走行性能・快適性を向上するとともに、グリーン車のワンランク上のクラスと

7-17 「はやぶさ」。下は出発式の様子。

7-18 グランクラス

して「グランクラス」を導入し、これまでの鉄道にはなかった高級かつゆとりあるプライベートな移動空間とハイグレードなサービスを提供することとなった(**7-18**(写真))。

「はやぶさ」は、東京〜新青森間を2往復、東京〜仙台間を1往復の設定とし、東京〜新青森間の到達時分は、最速達列車で3時間10分となり、下り列車の比較では、新青森開業時に36分短縮した3時間23分をさらに13分短縮することとなった。

新青森開業後3ヶ月(平成22(2010)年12月〜平成23(2011)年2月)の八戸〜新青森間の利用人員は、約9,100人(日／往復)であり、在来線時代の「スーパー白鳥・白鳥・つがる」と比較して129％と大幅に増加した。東北新幹線(大宮〜宇都宮間)の利用人員は、平成19年度をピークに低調傾向にあったことから、新青森開業と「はやぶさ」デビュー効果による利用の回復を期待していたが、平成23年3月の東日本大震災により大きな影響を受けることとなった(**7-19**(図))。

東北新幹線の段階的高速化(平成24年3月〜平成26年3月改正)
平成24年3月改正

平成23(2011)年3月に投入したE5系は、グランクラスを連結するとともに、新型フルアクティブサスペンション(動揺防止制御装置)や車体傾斜装置を導入し、快適な乗り心地で利用者の好評を博していた。このことから、4編成を追加投入し、従来の6編成と合

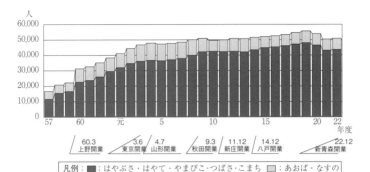

※平成22年度は東日本大震災の影響を除く（22.4.1～23.3.10）344日間の平均

7-19　東北新幹線（大宮～宇都宮）　下り　1日平均

わせて10編成とすることにより、「はやて」（東京～新青森間）15往復のうち7往復にE5系を使用して運転することとした。

また、E5系の追加投入により、「つばさ」と併結して運転する「Maxや

7-20　山形新幹線「つばさ」（E3系2000番代）

まびこ」の一部車両を、E4系（2階建て8両編成）からE2系に変更し、「やまびこ・つばさ」として運転することとした。さらに車両改造を行い、「つばさ」16往復中9往復の最高速度を240km/hから275km/hに向上した。これにより、東京～山形間の最速達列車の到達時間は、2時間29分（1分短縮）となるとともに、平均の到達時間も短縮した（**7-20**（写真））。

一方、「やまびこ・つばさ」の速達化により捻出されるE4系は上越新幹線で運用することとし、朝通勤時間帯の「Maxとき300号」・「Maxとき302号」を、E1系（2階建て12両編成・1229席）からE4系

＋E4系（2階建て16両編成・1634席）の併結編成に変更し、着席サービスを向上した。

平成24年9月改正

E5系の追加投入により、いち早く乗客の速達ニーズに応えるために、通常春に実施されるJRグループとしてのダイヤ改正に加え、平成24（2012）年9月（後述する平成25年9月も同様）にも新幹線速達化のダイヤ改正を実施した。具体的にはE5系5編成を追加投入し、東京〜新青森間15往復のうち11往復をE5系による運転とした。また、東京発着のすべての「やまびこ・つばさ」（16往復）をE2系とE3系の併結編成とし、これにより「やまびこ・つばさ」が275km/h運転となった。

「はやぶさ」320km/h運転・E6系デビュー（平成25年3月改正）

平成23（2011）年3月以降実施していたE5系による300km/h運転は、2年が経過し順調に推移していたことから、単独運転の「はやぶさ」について国内最高速の320km/h運転（宇都宮〜盛岡間）を開始することとした。これにより、東京〜新青森間の最速達列車の到達時間は2時間59分（11分短縮）となった。また、新在直通運転用の新型高速車両E6系が4編成デビュー、E5系と併結運転し「はやぶさ・スーパーこまち」として4往復が最高速度300km/hでの運転を開始した（7-21（写真））。東京〜秋田間の最速達列車の到達時間

7-21　高速新幹線車両E5系とE6系の併結編成

は5分短縮され、3時間45分となった。

平成25年9月改正

E6系を9編成追加投入し、「はやぶさ・スーパーこまち」として東京〜秋田間を運転する列車本数を、改正前の4往復から7往復に増発し、到達時間の短縮を図った。

平成26年3月改正

これまで述べてきたように、平成23（2011）年3月のE5系投入に伴う「はやぶさ」の運行開始、並びに平成25（2013）年3月のE6系投入に伴う「スーパーこまち」の運行開始以降、JR東日本は東北新幹線の段階的な高速化、すなわち到達時間短縮の取組みを継続的に進めてきた。平成26（2014）年3月改正では、「スーパーこまち」の最高速度を320km/h（宇都宮〜盛岡間）に引き上げ、速達性をさらに向上した。この高速化により、所要時間は最速列車で東京〜秋田間3時間37分（8分短縮、「スーパーこまち」デビュー前と比較すると12分短縮）となり、すべての「こまち」の所要時間が3時間台となった。秋田新幹線の列車名は、これまで275km/h運転の「こまち」と300km/h運転の「スーパーこまち」の2種類となっていたが、車両をE6系に統一するとともにすべての列車を320km/h運転とすることにより、列車名を「こまち」に統一することとした。

また、「こまち」と併結して運転する列車については、これまで300km/h運転の「はやぶさ・スーパーこまち」と275km/h運転の「はやて・こまち」の2種類が並存していたことに加え、秋田新幹線と併結しない「はやぶさ」は320km/h運転となっており、列車により最高速度が異なる複雑な輸送体系であったが、すべての列車が320km/h運転となりシンプルな体系となった（**7-22**（図））。東京〜新

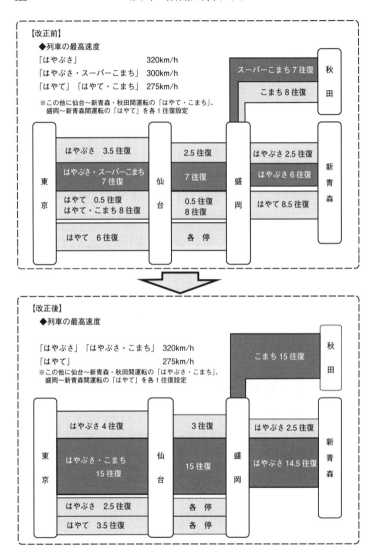

7-22 「はやぶさ」「こまち」「はやて」の輸送体系

青森間の所要時間は、最速2時間59分でこれまでと変わらないが、同区間を運転する「はやぶさ」がすべて320km/h運転となることから、平均所要時間は下りで3時間14分（9分短縮）となった。

7-23　E7系・W7系

　東北新幹線の高速輸送体系を構成する列車には、大宮〜仙台間をノンストップで運転する「はやぶさ」「はやて」「こまち」があるが、仙台〜盛岡間については、ノンストップで運転（一部の列車は途中駅に停車）する列車と各駅に停車する列車の2種類の停車パターンに分類される。仙台〜盛岡間各駅停車タイプの「はやて」は、朝夕の時間帯に6往復運転していたが、E6系の追加投入に伴ない、2.5往復については、E5系単独編成またはE5系とE6系の併結編成を使用し、最高速度を275km/hから320km/hに引き上げ「はやぶさ」として運転することとした。

　また、翌年に予定されている北陸新幹線金沢開業に向けて、新型車両E7系（12両編成）を長野新幹線「あさま」に順次投入し、東京〜長野間で7往復設定した（**7-23**（写真））。E7系は、JR東日本とJR西日本の共同開発により車両仕様の検討を進め、最新の技術を最大限に活かすことにより、イニシャルコストの削減と魅力ある車両の両立を図った車両である。具体的には、グランクラス車にフルアクティブサスペンションを搭載することによる乗り心地の向上、全洋式トイレへの温水洗浄機能付き暖房便座の採用、電源コンセントの設置により、一層のサービスレベルの充実を図った。なお、「あさま」の運行距離が短いことから、グランクラスについてはアテンダ

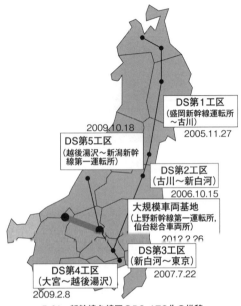

7-24 新幹線各線区のDS-ATC化の推移

ントが乗車しない「シートのみ営業」として運行を開始した。E7系の定員は、これまでのE2系8両編成の定員630名よりも300名以上多い934名であり、着席チャンスが大幅に拡大された(その後荷物置き場の設置により924名に変更)。

　一方、新幹線の保安システムの要であるATCについては前述の通り、平成14年に延伸開業した盛岡〜八戸間を皮切りに、デジタル化の更新(DS-ATC化)を順次進めてきた。平成25(2013)年11月には長野新幹線にも導入され、JR東日本の新幹線全区間がDS-ATCによる運行となった(**7-24**(図))。

　DS-ATCの導入により、ブレーキ動作がこれまでの多段ブレーキから一段ブレーキとなり、停車するまでの間のブレーキの動作と緩解の繰り返しがなくなり、乗り心地が向上する。また、先行列車の

7-25 平成26年3月改正前後の東京〜長野間到達時分

	最速達		平 均		備考
	下り	上り	下り	上り	
改正前	1時間25分	1時間23分	1時間41分	1時間43分	27往復
改正後	**1時間24分**	**1時間20分**	**1時間39分**	**1時間39分**	
増 減	△ 1分	△ 3分	△ 2分	△ 4分	

軌道回路情報に基づき最適なブレーキ制御が可能となるため、列車の運転間隔や到達時間の短縮につながるなど、大きな効果が得られることから、このダイヤ改正から時間短縮効果を取り入れている。なお、時間短縮の効果が大きい列車は、停車するためのブレーキ動作が多い列車つまり停車駅が多い列車であることから、停車駅が少ない最速達列車の時間短縮よりも、その他の停車タイプの列車を含めた全体(平均)の時間短縮が大きい。このダイヤ改正において、東京〜長野間の到達時間は、1列車平均で下り2分・上り4分の短縮が図られた。(**7-25**(表))

北陸新幹線 金沢開業(平成27年3月改正)

北陸新幹線長野〜金沢間は、平成10(1998)年3月に長野〜上越(仮称)間の工事実施計画が認可されたことにより、当時の日本鉄道建設公団により建設が開始された。その後、整備新幹線検討委員会による政府・与党申し合わせなどを経て、平成13(2001)年4月に上越(仮称)〜富山間、平成17(2005)年4月には富山〜白山総合車両所間の工事実施計画が認可され、同年6月に起工式が行われた。これにより、長野〜白山総合車両所間がいわゆるフル規格で一体となって建設されることとなった。北陸新幹線は、整備新幹線としては初めてJR2社により共同運行される新幹線である。このことから、

7-26　北陸新幹線金沢開業時の輸送体系

列車名	列車本数	東京	上野	大宮	熊谷	本庄早稲田	高崎	安中榛名	軽井沢	佐久平	上田	長野	飯山	上越妙高	糸魚川	黒部宇奈月温泉	富山	新高岡	金沢
かがやき	朝夕10往復	●	■									●					●		●
はくたか	概ね毎時1本14往復	●	●	●			■	■	■	■	■	●	■	●	●	●	●	●	●
	1往復											●	●	●	●	●	●	●	●
つるぎ	18往復																●	●	●
あさま	16往復	●	●	●	●	■	●	■	●	●	●	●							

●は停車、■は一部通過

営業運転を開始する前の検査等を実施するため、建設主体である独立行政法人鉄道建設・運輸施設整備支援機構(以下、「機構」という)と、営業主体であるJR東日本とJR西日本との三者間で綿密な検討・調整を行ってきた。開業区間の建設工事が順調に進捗したことから、監査・検査、車両搬入、訓練等の準備スケジュールを総合的に勘案し、同区間の開業日を平成27(2015)年3月14日とし、JRグループのダイヤ改正日と同日に開業を迎えることとなった。

北陸新幹線金沢開業時のダイヤについては、開業による利用者の増加や他交通機関からの転移等を踏まえ需要予測を行うとともに、現在の乗客の利用形態や各駅の利用状況等も考慮し、4つのタイプの列車を設定することとした(7-26(表))。具体的には、首都圏と富山・石川エリアを短時間で結ぶ使命を持つ速達タイプの「かがやき」(東京～金沢間)、主に長野以東の主要駅と長野以西の各駅間の利便性確保を目的とした「はくたか」(東京・長野～金沢間)、金沢開業前の長野新幹線タイプの「あさま」(東京～長野間)、そして大阪・名古屋エリアと富山エリア間および北陸エリア相互間の利便性確保を目的としたシャトルタイプの「つるぎ」(富山～金沢間)である。定期列車の運転本数については、「かがやき」は、乗客の利用が多

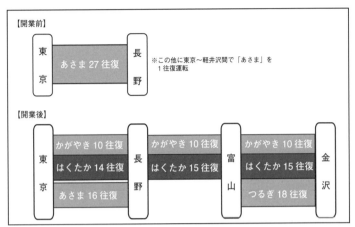

7-27　北陸新幹線金沢開業前後の輸送体系比較

い朝・夕夜間帯を中心に1日当たり10往復、「はくたか」は、長野以西の各駅の利便性を確保するため、東京〜金沢間の列車を1日当たり14往復、長野〜金沢間の列車を早朝・深夜帯に1往復設定した他、「あさま」を1日当たり16往復、「つるぎ」を18往復設定することとした（**7-27**（図））。

　また、ゴールデンウィーク、お盆期間、年末年始期間等、多くの利用が見込まれる期間に輸送力を柔軟に確保するとともに、金沢開業直後の需要の高まりに応えるため、予定臨時列車として最大で「かがやき」を8往復、「あさま」を8往復設定することが可能な輸送体系とした。

　「かがやき」については、その使命を踏まえ1往復を除き途中の停車駅を上野・大宮・長野・富山に限定した。残る1往復は東京〜金沢間の最速達列車として、下り列車は午前（「かがやき509号」：東京10：32発・金沢13：00着）に、上り列車は夕夜間帯（「かがやき514号」：金沢18：51発・東京21：19着）に設定し、途中停車駅を大宮・

7-28 北陸新幹線金沢開業時の東京対主要駅到達時分（最速達列車）

		対長野	対富山	対金沢
下り	開業前	1時間24分	3時間14分	3時間51分
	開業後	1時間20分	2時間8分	2時間28分
	増減	△ 4分	△ 1時間6分	△ 1時間23分
上り	開業前	1時間20分	3時間11分	3時間47分
	開業後	1時間20分	2時間8分	2時間28分
	増減	± 0分	△ 1時間3分	△ 1時間19分

長野・富山とした。これにより、東京〜金沢間は2時間28分、東京〜富山間は2時間8分で結ばれ、開業前の上越新幹線「とき」、越後湯沢駅乗り換え、北越急行（ほくほく）線「はくたか」を利用した場合と比較すると、東京〜金沢間で下りが1時間23分短縮、上りが1時間19分短縮、東京〜富山間で下りが1時間6分短縮、上りが1時間3分短縮することとなった。また、同時に東京〜長野間においても、下りの最速達列車が上田駅を通過することとなり、到達時間が4分短縮（1時間24分→1時間20分）された（**7-28**(表)）。

到達時間の短縮により、目的地での滞在時間も改正前と比較して大幅に拡大された。首都圏から北陸エリアに向かう場合、開業前と比較して金沢での滞在時間が4時間13分拡大、同様に富山では3時間35分拡大、逆に北陸エリアから首都圏に向かう場合、東京での滞在時間が2時間15分拡大し、ビジネス・観光の利便性を向上させた。

「はくたか」については、長野以西の各駅の利便性を確保するため、東京〜金沢間運転の14往復のうち11往復は、長野〜金沢間を各駅停車とした（残りの3往復は飯山のみ通過）。これにより、「かがやき」が停車しない駅でも、飯山駅を除き概ね1時間に1回程度の乗車チャンスを設けている。また、「かがやき」が設定されていな

いデータイムを中心に、大宮〜長野間の途中停車駅が少ない列車を設定することにより、首都圏と長野以西の各駅間の速達性の確保にも配慮した。「つるぎ」については、北陸新幹線金沢開業に伴い、在来線特急「サンダーバード」および「しらさぎ」がすべて金沢止まりとなる補完として、関西・東海エリア〜新高岡・富山間の利用者の利便性を確保するため、在来線特急との接続を考慮したシャトルタイプの列車を金沢〜富山間で1日18往復設定した。

また、JR東日本とJR西日本の会社間境界は上越妙高駅であるが、乗務員については、「かがやき」が上越妙高に停車しないことや乗務員区所が長野にあることなどを踏まえ、輸送の安定性や、運用の効率性等を勘案し、運転士・車掌とも長野駅で乗り継ぎを行うこととし、その乗り継ぎ時間を考慮し長野駅の停車時間は2分とした。

北陸新幹線の車両は、新型車両E7系(JR東日本所属)並びにW7系(JR西日本所属)を使用し、それぞれ一方の会社の所属車両が他方の会社の営業区間に乗り入れる相互直通運転を行っている(一部の「あさま」はE2系で運転)。

E7系・W7系は、JR東日本とJR西日本で共同開発した車両であり、前述したようにE7系は平成26(2014)年3月より東京〜長野間で先行して営業運転を開始している。首都圏〜北陸エリア間の輸送力を確保するため、編成は12両固定編成(電動車10両・付随車2両)としており、東北・上越新幹線で運用している車両と異なり、分割・併合装置は装備していないが、安中榛名〜佐久平間や飯山トンネル内などの急勾配区間に対応するため、抑速ブレーキを装備している他、電力会社から供給される電源周波数の違い、すなわち50Hzと60Hzの双方の周波数に対応した機器を搭載している。開業時の編成数は、定期列車の設定に加え、繁忙期の輸送力補完として必要な臨時列車の設定が可能となることを前提に決定した。

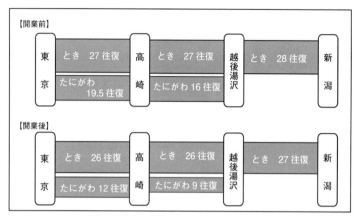

7-29　北陸新幹線金沢開業前後の上越新幹線の輸送体系比較

　車両運用については、駅・運転所・車両所における折返しの車両整備条件等を考慮するとともに、それぞれ一方の会社の所属車両が他方の会社の営業区間に乗り入れる総走行距離が相殺するように、E7系とW7系の充当列車を決定した。（E2系で運転する一部の「あさま」を除く）

　一方、上越新幹線については、それまで上越新幹線を利用して越後湯沢駅で北越急行線に乗り換え、在来線特急の「はくたか」に乗車して北陸方面に旅行していた利用者が、開業後は北陸新幹線に転移することから、データタイムを中心に上越新幹線の「たにがわ」を7.5往復削減した（**7-29**（図））。

　北陸新幹線開業後、輸送量は大きく増加した。開業前と比較して、高崎〜軽井沢間は約2倍、JR西日本区間の上越妙高〜糸魚川間は約3倍の利用となっており、好調に推移している。

北海道新幹線 新函館北斗開業（平成28年3月改正）

7-30 北海道新幹線新函館北斗開業時の輸送体系

列車名	運転本数	東京	上野	大宮	小山	宇都宮	那須塩原	新白河	郡山	福島	白石蔵王	仙台	古川	くりこま高原	一ノ関	水沢江刺	北上	新花巻	盛岡	いわて沼宮内	二戸	八戸	七戸十和田	新青森	奥津軽いまべつ	木古内	新函館北斗
はやぶさ	10往復	●	■	●								●							●					●	●	●	●
はやぶさ	1往復											●	●	●	●	●	●	●	●					●	●	●	●
はやて	1往復																		●	●	●	●	●	●	●	●	●
はやて	1往復																							●	●	●	●

●は停車、■は一部通過

北海道新幹線 新函館北斗開業（平成28年3月改正）

北海道新幹線については、平成17（2005）年4月に新青森～新函館（仮称）間の工事実施計画の認可を受け、同年5月工事着手、検査・監査を経て、平成27（2015）年8月に機構からJR北海道への地上設備の管理引継ぎが行われた。その後、訓練運転を開始するとともに、並行して車両と地上設備の最終的な確認を行うなど、開業に向けて準備が進められた。開業日は、建設工事、検査・監査、訓練運転等のスケジュール、および気象状況等を考慮し、JR北海道、JR東日本、JR貨物で調整を図り、平成28（2016）年3月26日とした。

運行計画については、開業後に想定される需要や、開業前の在来線特急の運転本数、各駅の利便性等を考慮し、東京～新函館北斗間を直通する「はやぶさ」を1日当たり10往復設定するとともに、仙台～新函館北斗間直通の「はやぶさ」、盛岡～新函館北斗間直通の「はやて」、新青森～新函館北斗間運転の「はやて」をそれぞれ1日当たり1往復設定することとした（7-30（表））。東京～新函館北斗間を運転する「はやぶさ」は、開業前のダイヤにおいて東京～新青森

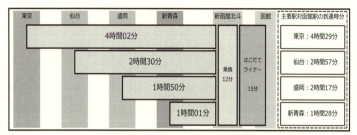

7-31　主要駅対新函館北斗・函館間の到達時分（下り最速達列車）

間を運転している「はやぶさ」の一部を新函館北斗まで延長する体系となっている。

　新青森〜新函館北斗間の運転時分については、当該区間の運行主体となるJR北海道が検討した。輸送の安定性の確保に鑑み、冬季の雪害等の輸送障害発生時、あるいは軌道修繕後の計画徐行等による遅延発生の際にもダイヤの早期平復が可能な運転時分とするため、適切な余裕時分を付加することとし、最速達列車で1時間1分とした。なお、東京〜新函館北斗間の最速達列車の到達時間は、開業前の東京〜新青森間の最速達列車（下り2本・上り1本）の到達時間である2時間59分に、乗務員乗継がある新青森駅の停車時間2分と前述の1時間1分を加え、4時間2分とした。東京・仙台〜新函館北斗間を運転する「はやぶさ」の多くが、東京〜盛岡間で「こまち」との併結運転を行うが、最速達の「はやぶさ」は、「こまち」と分割・併合を行わず単独運転とし、その途中停車駅は大宮、仙台、盛岡、新青森の4駅に限定している。なお、新函館北斗〜函館間については、新幹線アクセス列車として新たに「はこだてライナー」を設定することとした。東京〜函館間の最短到達時間は下りで4時間29分、上りで4時間32分となり、開業前と比較すると下りで53分、上りで55分短縮された（**7-31**（図））。

一方、これに伴ない滞在時分も大幅に拡大され、函館から東京に向かう場合の東京における滞在時分は8時間16分（5時間拡大）、東京から函館に向かう場合の函館における滞在時分は6時間36分（1時間51分拡大）となり、ビジネス・観光がこれまで以上に便利になった。

　また開業区間については、全国新幹線鉄道整備法に基づき最高設計速度を260km/hとして設備が設計されているが、在来線との共用区間（新中小国信号場〜木古内間）は、貨物列車とのすれ違いがあることから最高速度は140km/hに抑えられ、その他の区間の最高速度は260km/hとなっている。

　車両については、開業区間が全区間JR北海道の運行となるため、JR東日本の車両の増備はないが、JR北海道が新たにH5系を新造し、JR東日本のE5系とともに、一方の会社の所属車両が他方の会社の営業区間に相互に乗り入れる運用としている。H5系は、E5系をベースに開発された10両編成の車両で、外装の帯色や客室内装の一部にJR北海道独自のデザインを取り入れているものの、320km/hの走行性能を有するなど、機能や仕様はE5系をほぼ踏襲している。冬季の耐雪対策のため、自力排雪走行を可能とするスノープラウや床下機器の覆いなどの装備等が施されている（**7-32**（写真））。

　北海道新幹線は、青函トンネル区間を含め在来線と新幹線の共用区間を走行する初めての新幹線であり、運行管理システムはJR東日本で使用し

7-32　H5系

ている「COSMOS(コスモス)」ではなく「CYGNUS(シグナス)(北海道新幹線総合システム)」で運行管理を行う。特に共用走行区間は、新幹線開業に伴ない、在来線のみの運行管理システムから、在来線と新幹線の双方の運行管理を行う「CYGNUS」に切り替えられるばかりでなく、架線電圧を20kV(キロボルト)から25kVに、信号保安システムをアナログタイプ(ATC-L)からデジタルタイプ(DS-ATC)に切り替える必要があった。そのため、開業直前に実施される地上設備の最終切替に向けて、システムが正常に稼動することを、事前確認等を行うなどして数回のステップにより入念に確認することとした。

その結果、JR北海道と共にこれらの試験等をすべて完遂し、平成28(2016)年3月26日に北海道新幹線新青森〜新函館北斗間の開業を無事に迎えることとなった。

車両運用の変遷

昭和57(1982)年の開業時に、車両は200系12両編成12本が投入され、東北新幹線「やまびこ」「あおば」、上越新幹線「あさひ」「とき」のすべての列車が、同一の編成(E編成)で運転を開始した。

最初に編成が変更されたのは、昭和60年の上野〜大宮間開業時からである。

1点目は東北新幹線の最高速度向上に伴うものである。開業時には全線区で最高速度210km/hであったが、東北新幹線で地上の環境対策(騒音・振動など)を図った上で240km/hに向上することになった。この対策を施した200系車両をF編成と称した。車両側の対策は、空気音の発生源となるパンタグラフにカバーを取り付け、数を減らすことであった。このため、パンタグラフをたたんだ車両にも交流25,000Vの特高圧電流を供給できるように屋根上で接続するためのケーブルヘッドを取り付けた。もう1点は、上越新幹線の各駅

停車タイプの「とき」の８両編成化である。「とき」の乗車率が低かったための処置である。この結果、車両編成は200系12両編成と８両編成（G編成と呼ぶ）の２種類に分かれた。

　次に、大きく編成に変化が生じたのは、平成３（1991）年の東京～上野間開業に向けてである。増発が難しい中で行った最初の編成増強である。最初に、12両のF編成中に１両の２階建てグリーン車を組込み１階建ての普通車をグリーン車に置き換える編成変更が行われた。この編成はその後16両編成にまで増強され、定員1,230名と当時の最大規模となった（H編成）。

　平成４（1992）年には、山形新幹線「つばさ」用400系が６両編成で営業開始。その後、堅調な利用に応え７両編成に増強した。

　平成６（1994）年には、12両オール２階建てのMax・E1系（M編成）とバリエーションが広がった。

　平成９（1997）年は新幹線が大きく変貌した年である。まず、３月に２番目の新在直通である秋田新幹線の営業開始によりE3系５両編成が加わる。この時点で連結されていた東京～盛岡間の「やまびこ」には、３往復のみE2系８両編成が使用された。その他の列車は、F編成から一旦８両になりその後10両となった200系K編成が使用された。

　また、10月は５年ぶりのフル規格新幹線となる長野新幹線高崎～長野間開業によりE2系８両編成が「あさま」に投入された。「あさま」用のE2系は基本的な構造は「やまびこ」用と同じ設計であるが、分割併合用の装置は取り付けられていない。

　同じ時期にオール２階建て車両の変更が行われ、８両編成E4系が導入された。「つばさ」と連結する「やまびこ」もE4系に統一された。

　平成14（2002）年12月の八戸開業時には、東北新幹線に使用する

7-33 東北・上越・北陸新幹線の車両の概要 （平成27年3月現在）

編成名	編成内容	使用編成

E2系
J編成
（10両）
（35編成）
定員 814
275km/h

愛称名：はやて／やまびこ／なすの／とき／たにがわ

1	2	3	4	5	6	7	8	9	10
	M2	M1	M2		M2	M1	M2	M1s	T2c
E223	E226	E225	E226	E225	E226	E225	E226	E215	E224
(54)	(100)	(85)	(100)	(75)	(100)	(85)	(100)	(51)	(64)

E2系
N編成
（8両）
（4編成）
定員 630
260km/h

愛称名：あさま

1	2	3	4	5	6	7	8
T1c	M2	M1	M2	M1k	M2	グリーン M1s	T2c
E223	E226	E225	E226	E226	E226	E215	E224
(55)	(100)	(85)	(100)	(75)	(100)	(51)	(64)

E4系
P編成
（8両）
（24編成）
定員 817
240km/h

愛称名：Maxとき／Maxたにがわ

1	2	3	4	5	6	7	8
Tc	M1	M2	T	Tk	Mp	Mc	Tpsc
E453	E455	E456	E458	E459	E455	E446	E444

二階室　(40) (64) (64) (55) (55) (55) グリーン(36) グリーン(18)
一階室　　　 (14)　　　 (14)　　　 (12)
階下室　(35) (55) (55) (55) (55) (55) (55) (25)
合計　(75) (133) (119) (124) (110) (122) (91) (43)

E5系
U編成
（10両）
（28編成）
定員 731
320km/h

愛称名：はやぶさ／はやて／やまびこ／なすの

1	2	3	4	5	6	7	8	9	10
T1c	M2	M1	M2	M1k	M2	M1	M2	グリーン M1s	グランクラス Tsc
E523	E526	E525	E526	E525	E526	E525	E526	E515	E524
(29)	(100)	(85)	(100)	(59)	(100)	(85)	(100)	(55)	(18)

E7系
F編成
（12両）
（17編成）
定員 924
260km/h

愛称名：かがやき／はくたか／あさま（つるぎ…JR西日本エリア）

1	2	3	4	5	6	7	8	9	10	11	12
Tc	M2	M1	M2	M1	M2	M1	M2	M1	M2	グリーン M1s	グランクラス Tsc
E723	E726	E725	E726	E725	E726	E725	E726	E725	E726	E715	E724
(50)	(98)	(85)	(98)	(85)	(88)	(58)	(98)	(88)	(98)	(63)	(18)

E3系
LR編成
（7両）
（15編成）
定員 394
275km/h

愛称名：つばさ

E3系2000番代（定員394）
E3系1000番代（定員402）

11	12	13	14	15	16	17
グリーン M1sc	M2	T1	M2	T2	M1	M2c
E311	E326	E329	E328	E328	E325	E322
(23)	(67)	(60)	(68)	(64)	(60)	(52)
(23)	(67)	(60)	(68)	(64)	(64)	(56)

車両運用の変遷

編成名	編成内容	使用編成
E3系 R編成 (6両) (2編成) 定員 338 275km/h	愛称名 やまびこ なすの 11: M1Sc E311 (23) グリーン 12: M2 E326 (67) 13: T1 E329 (60) 14: T2 E328 (68) 15: M1 E325 (64) 16: M2c E322 (56)	
E3系 R18編成 (6両) (1編成) 275km/h	愛称名 とれいゆ つばさ（ジョイフルトレイン） 11: M1Sc E311 (23) 12: M2 E326 (42) 13: T1 E329 (36) 14: T2 E328 (42) 15: M1 E325 (0) 16: M2c E322 (0)	
E6系 Z編成 (7両) (24編成) 定員 336 320km/h	愛称名 こまち やまびこ なすの 11: M1Sc E611 (22) グリーン 12: Tk E628 (34) 13: M1 E625 (60) 14: M1 E625 (60) 15: M1 E627 (68) 16: T E629 (60) 17: M2c E621 (32)	
新在直通列車および併結編成		
E4系 P+P編成 (16両) 定員 1,634 240km/h	1-8号車: Tc E453 / M1 E455 / M2 E456 / T E458 / Tk E459 / Mp E455 / Ms E446 グリーン / Tpsc E444 二階室 (40)(64)(64)(55)(55)(36)(–) 一階室 (–)(14)(14)(14)(12)(18) 階下室 (35)(55)(55)(55)(55)(36)(18) 計 (75)(133)(119)(124)(110)(122)(91)(43) ＋ 9-16号車: Tc E453 / M1 E455 / M2 E456 / T E458 / Tk E459 / Mp E455 / Ms E446 / Tpsc E444 (40)(64)(64)(55)(55)(36)(–) (–)(14)(14)(14)(12)(18) (35)(55)(55)(55)(55)(36)(18) (75)(133)(119)(124)(110)(122)(91)(43)	Maxとき Maxたにがわ
E2系 E3系 J+LR編成 (17両) 定員 J: 814 LR: 394 計: 1,208 275km/h	1-10号車: T1c E223 / M2 E226 / M1 E225 / M2 E226 / M1k E225 / M2 E226 / M1 E225 / M2 E226 / M1sc E215 グリーン / T2c E224 (54)(100)(85)(100)(100)(85)(100)(51)(64) ＋ 11-16号車: M1Sc E311 / M2 E326 / T1 E329 / T2 E328 / M1 E325 / M2c E322 (23)(67)(60)(68)(64)(52) ※E3系1000番代は×8	やまびこ・つばさ なすの
E5系 E3系 U+R編成 (16両) 定員 J: 731 R: 338 計:1,069 275km/h	1-10号車: T1c E523 / M2 E526 / M1 E525 / M2 E526 / M1k E525 / M2 E526 / M1 E525 / M2 E526 / M1s E515 グリーン / Tsc E524 グランクラス (29)(100)(85)(100)(59)(100)(85)(100)(55)(18) ＋ 11-16号車: M1Sc E311 / M2 E326 / T1 E329 / T2 E328 / M1 E325 / M2c E322 (23)(67)(60)(68)(64)(56)	やまびこ なすの
E5系 E6系 U+Z編成 (17両) 定員 J: 731 R: 336 計:1,067 320km/h	1-10号車: T1c E523 / M2 E526 / M1 E525 / M2 E526 / M1k E525 / M2 E526 / M1 E525 / M2 E526 / M1s E515 グリーン / Tsc E524 グランクラス (29)(100)(85)(100)(59)(100)(85)(100)(55)(18) ＋ 11-17号車: M1Sc E611 / Tk E628 / M1 E625 / M1 E625 / M1 E627 / T E629 / M2c E621 (22)(34)(60)(60)(68)(60)(32)	はやぶさ・こまち やまびこ

E2系8両編成に中間車を増結し、10両編成として輸送力の増強を図った。また、E2系をマイナーチェンジしたE2系1000番代(10両編成)も投入を開始している。なお、E2系は平成22(2010)年東北新幹線新青森開業時まで継続して増備した。

平成20(2008)年、山形新幹線400系の老朽取替えとしてE3系2000番代を投入し、400系はJR東日本の新幹線として初めて形式抹消となった。

平成23(2011)年3月、最高速度300km/hで運転を行う「はやぶさ」用としてE5系を投入した。運転速度以外にも、新青森方先頭車にはグリーン車よりもグレードの高い「グランクラス」を初めて設定するなどの特徴がある。E5系は段階的な速度向上を行うため、2011年3月時点では300km/h運転で運転を開始し、平成24(2012)年度末には国内最高速度となる320km/hでの営業運転を開始した。

平成24(2012)年3月、E5系の継続投入により「はやて」運用にE5系が充当され、これに伴い東北新幹線で使用していたE2系、E4系を上越新幹線へ転用、老朽化したE1系、200系を取替えた(E1系は平成24(2012)年9月に、200系は平成25(2013)年3月に営業運転終了)。

平成25(2013)年3月、平成E5系が320km/h運転を行うために、併合編成である「こまち」用E6系の営業を開始した。

平成26(2014)年3月、「こまち」用の全編成がE3系からE6系に取替えとなった。なお、新造からの経年が少ないE3系については、「やまびこ」運用として最高速度が275km/hの運用に一部存置した他、「つばさ」用E3系の一部老朽取替えや、乗ること自体が目的となる列車「とれいゆ」(平成26(2014)年にデビュー)、「現美新幹線」(平成28(2016)年4月デビュー)の車両として活用している。

平成26(2014)年3月、北陸新幹線用E2系と翌年の北陸新幹線金

沢開業に向けた車両増備を目的にJR西日本と共同開発したE7系を営業投入した(JR西日本所属編成はW7系)。

平成27(2015)年3月、北陸新幹線金沢開業し、E7系・W7系での車両運用を行っている。なお、臨時「あさま」用としてE2系の一部を存置している。

平成28(2016)年3月、北海道新幹線新函館北斗開業により、北海道新幹線直通列車は、E5系とJR北海道所属のH5系での運用を行っている。

JR東日本における東北・上越・北陸新幹線車両の概要を**7-33**(図)に示した。

今後の展望

新幹線を利用する乗客の目的は、ビジネス、観光、帰省など様々であるが、より多くの乗客が喜んで利用し、新幹線のファンとなり、リピーターとなってもらうためには、今後も利用状況を注視し、輸送計画、運行管理等あらゆる面から新幹線のダイヤの継続的なブラッシュアップに取り組んでいく必要がある。

将来は、平成34(2022)年度末に北陸新幹線金沢〜敦賀間の開業、さらにその先には関西方面への延伸も予定されている。また、平成27(2015)年1月の政府・与党申し合わせでは、北海道新幹線新函館北斗〜札幌間の完成・開業時期を平成47(2035)年度から5年前倒しし、平成42(2030)年度末の完成・開業を目指すこととなった。引き続き、新幹線ネットワークのさらなる拡充に向けて、利用者の新たな流動を創出し、沿線の活性化や地域の発展にも貢献できるよう、新幹線の使命である速達性、利便性、快適性、定時性のなお一層の向上を目指していきたい。

第8章　東京圏の列車ダイヤ

高密度運転を実現する条件

　首都圏1都6県4,200万の人口を抱える東京圏の輸送は他のエリアでは見られないような特徴を持っている。**8-1**(表)に示すように朝のピーク時にはJR東日本、他の民鉄、地下鉄の多くの路線で2〜3分間隔の高密度運転を行っている。また、車両の編成両数では、JR東日本の東海道線、横須賀線、総武快速線、宇都宮線、高崎線、常磐快速線の15両を筆頭に12両、11両、10両の長大編成の運転となっている。

　各社ともこれらの高密度運転を実施するために、信号間隔の短縮、新しい閉そく方式の導入などを行ってきている。(閉そく方式とは、列車同士の追突、衝突などを防ぐための鉄道の安全の最も基本となる仕組みである。具体的には線路を閉そく区間と呼ぶブロックに区切りそのブロックには1本の列車しか入れないようにすることである。)

　JR東日本の場合、1987年以降速度照査式のATS-P導入に合わせて多くの線区で時隔短縮を可能とするための信号機の増設等を行っている。ATS-PはATS(列車自動停止装置)の改良形である。前述した閉そく方式では列車のいる閉そく区間に向かう信号は停止の表示(信号では現示という)となる。停止現示を見た運転士はブレーキをかけ停止しなければならないが、何らかの理由で停止せず信号を超えてしまいそうになった場合に強制的にブレーキをかける仕組みがATSである。従来形のATSは、警報ブザーが鳴り運転士がブレーキをかけブザーを消すと、その後は運転士の注意力に頼るのみになる

8-1 首都圏主要線区朝ラッシュ時の運転間隔

線　名		区　間	輸送力	運転時隔
東海道線		川崎〜品川	13両×19本	3'00"
横須賀線		新川崎〜品川	13両×10本	6'00"
山手線	外回り	上野〜御徒町	11両×24本	2'30"
	内回り	新大久保〜新宿	11両×23本	2'30"
中央線	快速	中野〜新宿	10両×30本	2'00"
	緩行	代々木〜千駄ヶ谷	10両×23本	2'30"
宇都宮線		土呂〜大宮	13両×14本	4'30"
高崎線		宮原〜大宮	13両×15本	4'00"
京浜東北線	南行	上野〜御徒町	10両×26本	2'20"
	北行	大井町〜品川	10両×26本	2'20"
常磐線	中電	松戸〜北千住	13両×10本	3'00"
	快速	松戸〜北千住	15両×9本	
	緩行	亀有〜綾瀬	10両×24本	2'30"
総武線	快速	新小岩〜錦糸町	13両×19本	3'00"
	緩行	錦糸町〜両国	10両×26本	2'20"
南武線		武蔵中原〜武蔵小杉	6両×25本	2'20"
武蔵野線		東浦和〜南浦和	8両×15本	4'00"
横浜線		小机〜新横浜	8両×19本	3'00"
根岸線		新杉田〜磯子	10両×13本	4'30"
青梅線		西立川〜立川	6,10両×16本	3'30"
埼京線		板橋〜池袋	10両×19本	3'00"
東武東上線		北池袋〜池袋	10両×24本	2'30"
西武池袋線		椎名町〜池袋	8,10両×24本	2'30"
京成押上線		曳舟〜押上	8両×24本	2'30"
京王井の頭線		神泉〜渋谷	5両×30本	2'00"
小田急小田原線		世田谷代田〜下北沢	8,10両×29本	2'00"
東急田園都市線		池尻大橋〜渋谷	10両×29本	2'00"
京急本線		戸部〜横浜	6,12両×27本	2'10"
相模鉄道本線		西横浜〜平沼橋	8,10両×27本	2'10"

注）民鉄は「都市交通年報」(H24年版)による。
　　JRは平成26(2014)年3月改正現在
　　JRの車両はグリーン車を除く、普通車のみ

などいくつかの問題があったため、ATS-Pでは車上のコンピュータが停止信号までの距離と現在の速度を比較し必要な場合にのみ強制的なブレーキがかかる仕組みとした。また、1981年にATCが導入された山手・京浜東北線については、新たに開発を行ったデジタルATCによって従来の2分30秒間隔を2分10秒間隔に短縮し増発可能なものとしている。

　一般的な時隔短縮の最大の制約条件は、ターミナルにおける折り返し時分、交差支障時分等と停車時分の長い駅における停車時分である。

　JR東日本の中で最も時隔の短い中央線を例にとると、折り返しターミナルである東京駅は1面2線と限られた条件の中で、平均2分間隔、最小時隔1分50秒のダイヤ設定を行っている。東京駅は駅進入時に通過するシーサスクロッシングの番数を16番と大きく取り、通過制限速度を60km/hとするとともに第2場内信号機を増設し時隔短縮を実現している。また、折り返し時分を最小限とするために、運転士、車掌のエンド交換(到着側の運転台、車掌室から発車側に移動すること)は到着した列車の次の次の列車を折り返し担当する段下げ運用としている(この場合は2段下げ)。ポイント、信号機の改良は平成2(1990)年、東京駅が地平ホームのときに行われ、長野新幹線開業に伴う重層化工事後の現高架ホームでも引き継がれている。(東京駅の東北・上越新幹線のホームは平成3(1991)年6月の開業時に1面2線だったが、長野新幹線開業による列車増発には対応しきれなくなることから、2面4線化することになった。しかし、東京駅構内にはそのスペースがないため、最も丸の内寄りである中央線の1面2線のホームを2階に上げ京浜東北・山手線や東海道線のホームを順次ずらし新幹線のホームスペースを生み出した。中央線ホームは平成7(1995)年7月に使用を開始した。)増発については、

平成5年(1993)年、「通勤特快」を朝ピーク1時間に2本(朝の通勤帯では3本)増発し、朝ピーク1時間の設定本数28本を30本とした。

一方、途中駅のうち乗降が多く停車時分が1分程度必要となる立川、国分寺、三鷹、中野、新宿の各駅では、各上りホームの2線を活用し交互発着とすることで時隔上のボトルネックを解消している。

混雑緩和

東京圏では、前述したようにほぼ最大限の輸送力を提供しながら、ラッシュ時の混雑は高い。JR東日本では、貨物専用線への旅客列車運転など国鉄から引き継いだ資産を最大限活用した混雑緩和策を進めてきている。

8-2(図)に昭和62(1987)年発足以降首都圏の各線区で行ってきた混雑緩和策と混雑率の推移を示した。

ネットワークの充実を目指したダイヤ

東京圏の路線は山手線を中心として各方面に放射状に配置されている。各方面の線区は東海道線の東京、中央線の新宿(特急列車のみ)、宇都宮・高崎線、常磐線の上野のように別々のターミナルを始発駅とする列車体系を組んでいる。山手線はこれらターミナルを結ぶ役割を担っている。

戦前からターミナル貫通型の輸送を行っているのは京浜東北線と中央総武緩行線である。また、横須賀線と総武快速線は昭和55(1980)年から直通運転となった。

新たな直通運転としては、東北新幹線に並行し建設された埼京線による直通輸送、京葉線の東京乗り入れとこれに合わせた武蔵野線の東京乗り入れがある。最近では平成13(2001)年12月ダイヤ改正で運転開始した湘南新宿ライン、平成27(2015)年3月ダイヤ改正で運

第8章　東京圏の列車ダイヤ

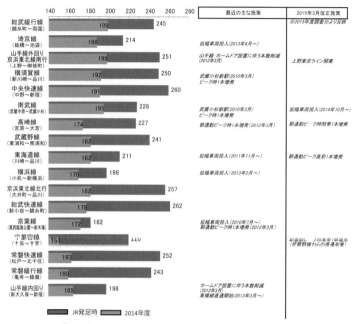

8-2①　首都圏主要線区　朝ラッシュ1時間の混雑率（平成26年度）

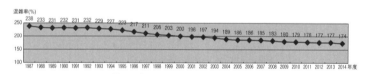

8-2②　首都圏の朝通勤ピークの混雑率推移

転開始した上野東京ラインがある。これらについては、複数の路線を直通し、従来からの運行形態が混在することから路線名を付け直すことにはならず、愛称名を付けることとした。

湘南新宿ラインの輸送計画

　湘南新宿ラインは平成13(2001)年12月のダイヤ改正から運行を開始した。東海道線・横須賀線と宇都宮線・高崎線を新宿経由で直通する新たなサービスとして始めたものである。しかし、歴史を紐解いてみると、この東京を南北に貫通するルートは東京駅、上野駅を経由する現在の京浜東北線のルートより歴史が古い。東京〜上野間の線路がつながったのが大正14(1925)年に対し、山手線品川〜新宿〜池袋間および池袋〜赤羽間(現在の埼京線)は明治18(1885)年に開業している。山手線は東海道方面と東北方面をつなぐことに建設目的があったものであるが、一部の臨時列車を除くと直通の旅客輸送は行われて来なかったことから、湘南新宿ラインは山手線という路線に116年ぶりに新たな使命を与えたことになる。

　湘南新宿ラインに使用している線路のうち、大宮〜田端操車場駅(以下田端操)間は東北貨物線、田端操〜池袋〜大崎間は山手貨物線としてその名の通り貨物線として使用されていたものである。また、大崎〜新鶴見間も昭和55年の東海道線・横須賀線の分離運転開始までは貨物列車主体の路線であった。ただし、これらのルートも回送列車や臨時旅客列車には使用されており、東海道線の特急「つばめ」などの方向転換や中央線等から逗子に向けた海水浴列車は比較的知られている。

　その後、貨物列車のバイパス路線として武蔵野線が計画され、昭和48(1973)年には府中本町〜新松戸間が開業した。これに伴い、山手貨物線の貨物列車の運転本数は減少した。一方、東北新幹線の建設に伴い大宮〜赤羽間を並行する通勤路線が計画された。大宮から先は川越線を電化し乗り入れることとし、池袋〜赤羽間は赤羽線、池袋〜新宿間は山手貨物線を直通する通勤電車が運転されることに

8-3 武蔵浦和駅の緩急接続

なった。

　埼京線と呼ばれることになった同線は昭和60(1985)年9月に池袋〜川越間が運転を開始し、翌昭和61(1986)年3月に新宿〜池袋間、平成8(1996)年3月新宿〜恵比寿間、さらに平成14(2002)年12月には恵比寿〜大崎間を延長するとともに、東京臨海高速鉄道りんかい線との相互直通運転を開始し新木場まで乗り入れることになった。また、平成3(1991)年3月に運転開始した成田エクスプレスは東京〜新宿間を横須賀線・山手貨物線経由で運転しており、山手貨物線は年々旅客列車の運転本数が増加してきた。一方、東北貨物線大宮〜田端操間および山手貨物線田端操〜池袋間には、昭和63(1988)年12月より宇都宮線・高崎線の列車が乗り入れることになり、そのために池袋駅のホームが1面増設された。

　湘南新宿ラインはこのように東北・山手貨物線利用の旅客列車が拡大されてきたことの集大成として計画されたといってもよい。湘南新宿ラインの輸送計画の考え方は以下のようなものである。

　第1点は、東海道方面と新宿方面の直通運転のニーズである。湘南新宿ライン運転開始前のJR東日本の東海道線方面と都心を利用される利用者を10とした場合、東京方面が8に対して新宿方面が2という比率であり、新宿方面のシェアが潜在的なニーズに比べ少ない、すなわちマーケット開拓の可能性が高いという分析が行われた。

第2点は、埼京線の混雑緩和である。埼京線は昭和60年開業以来年々利用人員が増加したため、過去5回(昭和61(1986)年3月、平成元(1989)年3月、平成3(1991)年3月、平成8(1996)年3月、平成8(1996)年12月)のダイヤ改正で、朝ピー

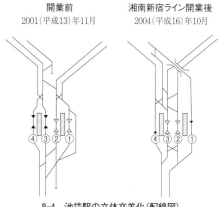

8-4　池袋駅の立体交差化(配線図)

ク1時間の列車本数16本から20本へと増発を行った。また、特に混雑する赤羽～池袋間での列車遅延防止のために6扉車の連結を進めた。現在は最ピーク時1時間当たり20本までの運転としている。埼京線の混雑の形態を検討すると川越、大宮から都心に向け徐々に増加してくる面と赤羽で宇都宮・高崎線、京浜東北線から池袋・新宿方面に向かう利用者の乗り換えによる混雑が著しいことが明らかになっている。これを緩和するため、既に池袋まで乗り入れている宇都宮・高崎線の列車を新宿まで延長することが効果的であるという考えに至った。

　上記2点を組み合わせることが第3点のコンセプトである大宮方面と横浜方面の直通である。大宮・横浜の両方面からの主たる着地は新宿であり、新宿で相互に折り返すという方法もあり、一方の運行乱れが他方に波及しないという利点もあるが、新宿の折り返し能力等の面から不可能であることも合わせ直通運転を行うこととした。

　しかし、ピーク時には埼京線が最大限の運転をしており、池袋～新宿間にこれ以上の列車を増発することは不可能である。特にネッ

8-5 湘南新宿ラインの変遷

	輸送体系増強など	設備改良など
（平成13年） 2001年12月 ダイヤ改正	□平日25往復体制でスタート ・宇都宮線〜横須賀線　　　　　　9往復 ・高崎線〜東海道線　　　　　　　9往復 ・新宿折り返し　　　　　　　　　7往復	□渋谷・恵比寿駅の埼京線ホーム延伸(15両編成に対応)
（平成14年） 2002年12月 ダイヤ改正	□平日38往復体制 ※夕夜間帯を中心に増発 ・宇都宮線〜横須賀線　　　　　　17往復 ・高崎線〜東海道線　　　　　　　12往復 ・新宿折り返し　　　　　　　　　9往復 □大崎駅に全列車停車化	□大崎駅ホーム新設 □新宿駅1・2番線ホーム延伸(15両編成に対応)
（平成16年） 2004年10月 ダイヤ改正	□平日64往復体制 ※朝通勤時間帯を中心に終日増発 ※新宿折り返しを取り止め全列車直通運転化 ※朝通勤ピーク1時間6本運転 ・宇都宮線〜横須賀線　　32往復 ・高崎線〜東海道線　　　32往復 □スピードアップ □「特別快速」新設 □普通列車グリーン車投入 ・グリーン車Suicaシステム導入 ・グリーンアテンダント登場	
（平成20年） 2008年3月 ダイヤ改正	□平日65往復体制 ※平日朝宇都宮〜横須賀線系統 1往復増発	
（平成21年） 2009年3月 ダイヤ改正	□平日66往復体制 ※夜間帯高崎〜東海道線系統 1往復増発	
（平成22年） 2010年3月 ダイヤ改正	□武蔵小杉新駅開業 全列車武蔵小杉駅停車	
（平成25年） 2013年3月 ダイヤ改正	□平日67往復体制(土休日64往復) ※朝夕通勤時間帯高崎〜東海道線系統各1本増発(朝南行、夕北行各1本) □東北線浦和駅新規停車	□東北貨物線浦和駅ホーム新設

クとなるのは、池袋駅における湘南新宿ラインの大宮方面行の電車と埼京線の新宿方面行の電車と平面交差である。このため、池袋の北側で埼京線の新宿方面行の線路と湘南新宿ラインの線路を立体交差化することになり、平成16(2004)年秋に工事が完成した。また、池袋～新宿間は既存の信号設備では続行間隔が限界であることから場内信号機の増設などの改良を行うことで増発に対応した。さらに、当時は新宿駅で甲州街道の架け替え工事も行われていたため、これに合わせた構内改良により配線を変更し折り返し列車の交差支障を解消することとした。

これらの工事がすべて完成することにより湘南新宿ラインは本格的に稼動することとなるが、これに先立ち平成13(2001)年12月のダイヤ改正ではデータイムを主体に50本の列車の運転を開始、さらに平成14(2002)年12月のダイヤ改正では76本に増発した。平成16(2004)年10月のダイヤ改正で128本に増発し、ほぼ現在の体系が出来上がった。その後、平成20(2008)年3月のダイヤ改正で130本、平成21(2009)年3月のダイヤ改正で132本に増発、平成25(2013)年3月のダイヤ改正で134本に増発し現在に至っている(**8-5**(表))。

上野東京ラインの輸送計画

上野東京ラインは、平成27(2015)年3月14日のJR発足後最大規模のダイヤ改正にて開業した。上野東京ラインとは、上野～東京間約3.6kmの区間を複線で新たに整備し、宇都宮線、高崎線、常磐線を東京・品川方面へ乗り入れることを可能とする計画である。同区間を並走する山手線、京浜東北線はラッシュ時間帯の混雑が激しく、平成12(2000)年1月に公表された運輸政策審議会答申第18号において、平成27(2015)年までに開業することが適当である路線として位置づけられた。本事業は、山手線、京浜東北線の上野～御徒町間の

朝通勤時間帯における200％を超える混雑の緩和の他、直通運転による速達性の向上、そして鉄道ネットワークが強化されることによる宇都宮・高崎・常磐線方面と東海道線方面との相互交流を促進し、地域の活性化にも寄与するものとして期待されていた。平成14（2002）年に建設工事の計画を発表し、平成20（2008）年に工事に着手した。その後平成23（2011）年3月の東日本大震災の影響により、工期が約1年半遅れたが、平成27（2015）年3月に開業を迎えた。特に神田付近では東北新幹線の構造物があることから、新幹線上空に新たな線路を設けるという難易度の高い工事を経て開業した。

輸送計画の策定にあたっては、各路線における乗客の利用状況、直通利用ニーズの他、車両や線路等の設備条件に加え、輸送の安定性など、様々な検討を重ねた結果、宇都宮線、高崎線、常磐線の3線を東京方面へ乗り入れることで方針を決定した（8-6（図））。

朝通勤時間帯については、各方面からの東京〜品川間への利用状

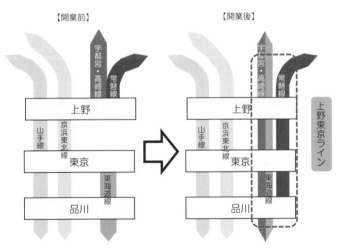

8-6　上野東京ライン直通運転イメージ

況を鑑み、宇都宮線、高崎線、常磐線からの東京・品川方面への乗り入れ本数を朝ピーク1時間で各5本とし計15本とした。宇都宮線・高崎線の各5本は、すべての列車を東海道線に直通とした。但し、東海道線内で輸送力過剰となることから、一部の列車は品川止まりとしている。常磐線については利用者の利用状況および車両の都合上東海道線とは共通して運行することができないため品川までの運行とした。さらに、常磐線乗り入れには上野駅での平面交差（8-7（図））という大きな課題もあり、朝通勤時間帯については安定輸送を考慮した結果、品川行のみの運転とし、平面交差が生じる下り列車の運転は行わないこととした。なお、直通列車については、輸送障害発生時における影響の広域化防止とより定員の多い車両であるという点から、取手以南で運行している快速電車に限定した。

データタイムについては、東海道線の運行体系に合わせ、1時間当たり宇都宮線3本、高崎線3本の計6本を東海道線と相互直通運転とした。常磐線については1時間当たり特急2本、中距離電車2本

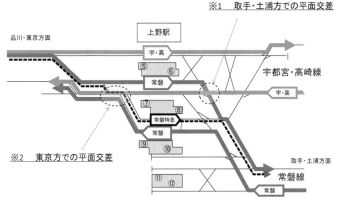

※上記は主なホーム使用例であり、一部の列車は上記以外のホームを使用する場合があります。

8-7 上野東京ライン開業後の上野駅高架ホームの主な使用例

を品川発着とした。中距離電車2本のうち1本は特別快速とし、新たに北千住駅を停車とすることで利便性を向上させている。

夕夜間帯については、1時間当たり、概ね宇都宮線3本、高崎線3本の計6本を東海道線と相互直通運転とした。なお、始発駅からの着席ニーズに応えるために、特に遠距離通勤利用者を考慮し、通勤快速やライナーについてはこれまで通り東京駅始発、上野駅始発として残している。常磐線については、夕夜間帯の安定輸送および混雑対策を考慮した上で、取手以南で運転している快速電車を3本運行することとし、その他特急列車1本を品川駅発着とした。

深夜帯23時過ぎの列車については、各方面で最終列車等の接続が多くあり、直通列車の遅延による他線区への影響に配慮し、これまで通り、東海道線は東京駅、宇都宮線、高崎線、常磐線は上野駅発着としている。

上記のような内容で列車設定を行っているが、上野東京ラインの開業効果や期待される流動変化については次の3点が挙げられる。

1つ目は混雑緩和効果である。山手線・京浜東北線の上野〜御徒町間の朝通勤ピーク時間帯の混雑率は約200%であったが、上野東京ライン開業により、同区間の混雑率は30pt以上緩和されている。上野駅では乗り換えの乗客が減少したことで、コンコースやホーム上の混雑も大幅に緩和された。

2つ目は速達性の向上である。直通運転による乗り換えの解消により朝通勤時間帯において、大宮〜品川間の平均到達時分は56分から46分へと10分短縮された。また、品川〜水戸間については、常磐線特急「ひたち」利用で比較した場合、平均96分から83分へと13分短縮された。

3つ目はネットワーク強化による地域活性化である。首都圏の南北軸のネットワークが拡大されたことにより、栃木県、群馬県、茨

城県などの北関東エリアと都心および東海道方面エリアの相互交流が促進されることが期待される。

今後も利用者の流動に注視しながら、さらなる輸送改善に向けて検討を続けていく。

相互直通運転

相互直通運転とは、複数の鉄道事業者間で相互に相手路線に直通運転を実施する輸送形態であり、利用者の直通需要に応えるとともに、ターミナル駅での乗り換え解消・混雑緩和および目的地までの到達短縮などの効果があるが、自社のダイヤの乱れが他社へ波及するデメリットがある。優等列車を除いて首都圏では、昭和35(1960)年に都営地下鉄1号線と京成電鉄が相互直通運転を実施、JR東日本では、昭和41(1966)年中央緩行線と東京メトロ(東西線)が最初である。基本的に、車両は双方が保有して相互に乗り入れる形態である。一方、乗務員は各々自社の乗務員が担当している。車両の乗り入れ走行キロについては相殺するような運用の調整をしている。また、直通運転については、保安装置などの車両設備、運転、営業面で共通化が必要となる。

ここでは、首都圏の通勤路線の相互直通運転について紹介したが、その他にも直通運転がある。

伊豆急行線は伊東線のローカル列車との相互直通運転が行われるとともに、特急「スーパービュー踊り子」などが東京、新宿方面から直通している。

その他に東武鉄道との特急列車相互直通運転がある。平成18(2006)年3月両社の路線が並行する栗橋駅に渡り線を新設し、新宿～東武日光・鬼怒川温泉間の直通運転を開始した。東武鉄道の車両が特急「スペーシアきぬがわ」、JR東日本の車両が特急「日光」

「きぬがわ」と称されており、東京の西部地区から日光、鬼怒川方面へのアクセスが向上したことから好評を博した。

着席サービスの提供について

東京圏の輸送サービス改善のテーマとして単に混雑を緩和するだけではない、実質のサービスを改善していくことと会社としての収益性を向上させていくことの1つの方法が通勤ライナーサービスである(**8-9**(表))。

そもそも、通勤ライナーサービスは特急列車の回送を通勤に活用することから始まった。国鉄の末期、分割民営化に向けサービス向上、収入増加に真剣な議論が交わされ実現に至った。定員制、料金均一性であり、ライナー券を事前購入して、車両の入口で係員のチェックを受ける。発売方法は線区によって異なっている。平成13(2001)年に営業開始した中央ライナーは座席指定方式となり、ホーム上の券売機か携帯電話機でライナー券を購入すると、車掌が携帯する端末に座席ごとの販売済情報が伝達され車内改札が省略された。

なお、通勤ライナーと同様に特急車両を使用した別のタイプとして、定期券利用可能とした特急列車がある。社内では通勤特急と通称しているが、これについては料金は距離制、車内での改札となり、特急券の発売方法は、一般の特急列車と同様である。さらに、着席サービスの提供としてグリーン車の投入拡大が挙げられるが、別途後述する。

8-8 ライナー券の購入

スワローサービスおよび新たな着席サービスについて

平成26(2014)年3月より高崎線特急「あかぎ」号で「スワローサービス」を開始した。このサービス開始により、おトクに座席指定が受けられるだけでなく座席指定を受けずに乗車した場合でも車内の空席を利用できるようになった。

また、平成27(2015)年3月より常磐線特急「ひたち」「ときわ」で新たな着席サービスを開始した。これによりすべての列車の普通車で事前の座席指定が可能となる他、座席の指定を受けなくても車内の空席を利用できるサービスを導入し、着席サービスの向上を図っている。

車両の座席配列

車両の客室構造は列車ダイヤの計画において重要な条件である。特に座席の配列は定員の決定とともに混雑感、居住性などに大きな影響を与える。車両の使用目的によって乗降扉の数とともにいくつかの形態に分かれている。電車の場合、特急形、急行形、近郊形、通勤形に国鉄時代から分類されていた。なお、国鉄時代は、新造コスト低減やメンテナンスの効率化のため、扉数、座席配列に限らず車両の多くの要素が標準化されていたが、実際にはJR発足後の車両の方が新造コストは安くなっている。

これらのうち特に通勤形、近郊形については東京圏の通勤需要の増大やエリア拡大により国鉄時代から変化が生じ始めた。最初に変化したのは近郊形である。常磐線に投入された415系は従来の近郊形と同様3ドアであるが、座席はクロスシートを減少させた車両となり、その後はオールロングシートの車両も投入された。また、昭和60(1985)年以降東海道線、宇都宮線、高崎線に投入を開始した

第8章　東京圏の列車ダイヤ

8-9　東京圏各線区

西暦年号月	時間帯	上下	愛称名	運転区間	1984 昭59 6	7	9	1985 昭60 3	7	10	1986 昭61 11	1987 昭62 4	5	6
宇都宮線	夕	下り	ホームライナー大宮	上野～大宮	②	→	3	5	→	→		5	→	6
〃	〃	〃	ホームライナー古河	上野～古河										
〃	〃	〃	〃	新宿～古河										
高崎線	夕	下り	ホームライナー鴻巣	上野～鴻巣										
〃	〃	〃	〃	新宿～鴻巣										
総武線	夕	下り	ホームライナー津田沼	東京～津田沼		②	→	3	→	→	→	3	4	→
〃	〃	〃	〃	新宿～津田沼						①		1	→	→
〃	〃	〃	ホームライナー千葉	東京～千葉										
〃	〃	〃	〃	新宿～千葉										
〃	朝	上り	(ホームライナー津田沼→)おはようライナー津田沼	津田沼～東京							①	→	1	→	→
東海道線	夕	下り	湘南ライナー	東京～小田原							④	4	→	→
〃	〃	〃	(湘南新宿ライナー→)ホームライナー小田原	新宿～小田原										
〃	朝	上り	湘南ライナー	小田原～東京							②	2	→	→
〃	〃	〃	(湘南新宿ライナー→)おはようライナー新宿	小田原～新宿										
常磐線	夕	下り	ホームライナー土浦	上野～土浦										
〃	朝	上り	おはようライナー土浦	土浦～上野										
横須賀線	夕	下り	ホームライナー逗子	東京～逗子										
〃	朝	上り	おはようライナー逗子	逗子～東京										
中央線	夕	下り	(ホームライナー高尾→)中央ライナー	東京～高尾										
〃	朝・夕	上り	(おはようライナー高尾→)中央ライナー	高尾～新宿										
青梅線	夕	下り	(ホームライナー青梅→)青梅ライナー	東京～青梅										
〃	朝	上り	(おはようライナー青梅→)青梅ライナー	青梅～東京										
列車本数計					2	4	5	8	9	10	16	16	17	18
備考												JR発足時		

※愛称名の(　)は登場時、その他は2015年3月現在又は廃止時。時間帯・運転区間は2015年

のライナー本数推移

1988	1989	1990	1991	1993	1994	1997	1998	1999	2000	2001	2002	2005	2006	2007	2008	2009	2010	2010	2012	2013	2014	2015
昭63	平元	平2	平3	平5	平6	平9	平10	平11	平12	平13	平14	平17	平18	平19	平20	平21	平22	平22	平24	平25	平26	平27
3	7	3	3	3	12	12	3	10	12	3	12	12	12	12	3	3	3	3	12	3	3	3
→	2	→	→	→	→	→	→	廃止														
	②	→	→	→	→	→	→	→	→	→	→	→	→	→	→	→	→	→	2	2	廃止	
		①	→	→	→	→	→	→	→	→	→	→	→	→	→	→	→	廃止				
	②	→	→	→	→	→	3	→	→	4	→	→	→	→	→	→	→	→	4	4	廃止	
	①	→	→	廃止																		
→	→	→	→	2	→	1	→	→	→	廃止												
→	廃止																					
		①	2	→	→	→	→	→	→	→	3	→	→	→	→	→	→	→	3	3	3	4
	①	→	→	→	→	→	→	→	→	→	→	→	→	→	→	→	→	→	1	1	1	1
→	→	→	→	廃止																		
5	→	→	→	6	7	→	→	→	→	8	→	→	9	→	→	→	→	→	→	9	9	9
	②	→	→	→	3	→	→	→	→	4	→	→	→	→	→	→	→	3	2	2	2	2
3	→	4	→	5	6	→	7	→	→	8	→	→	→	→	→	→	→	→	→	8	7	7
	②	→	→	→	3	→	→	→	→	4	→	→	→	→	→	→	→	3	3	3	3	3
		①	→	→	→	→	→	廃止														
			①	→	→	→	→	廃止														
		①	→	→	→	→	→	→	→	→	→	→	→	→	→	→	→	→	1	1	1	廃止
			①	→	→	→	→	→	→	→	→	→	→	→	→	→	→	→	1	1	1	廃止
				①	→	→	→	→	→	→	5	6	→	→	→	→	→	→	5	5	5	5
			①	→	→	→	→	→	→	4	→	3	→	→	→	→	→	→	1	1	1	2
			①	→	→	→	→	→	→	→	→	2	→	→	→	→	→	→	3	3	3	3
			①	→	→	→	→	→	→	→	→	→	→	→	→	→	→	→	1	1	1	1
20	24	29	33	36	39	38	39	38	36	40	40	48	51	50	50	50	49	49	47	44	43	38	37
																						現行ダイヤ

3月現在又は廃止時。本数は途中駅発着列車を含み、○は新設時。

211系電車も、113系同様扉は3ドアであるが、車内の混雑緩和や乗降のしやすさのため一部の車両はセミクロスシートをやめ、ロングシートとされた。

次の変化は通勤電車の代表ともいえる山手線で現れた。平成3(1991)年に10両から11両に増強された山手線は1両増加分を6扉車とした。この車両は扉を増やすことによって乗降時分を短縮することと、ラッシュ時間帯には座席を跳ね上げることとし車内の混雑緩和を図ることとした。山手線の次は横浜線を7両から8両に増結する際にやはり1両を6扉車とした。その後拡大した京浜東北線、総武中央緩行線は増結を伴わず、旧型車の取替えにおいて1両を6扉車に変えるやり方としている。その後、山手線に投入されたE231系500番代車では6扉車を11両中2両としたこと。また、山手線に使用してきた205系の6扉車については、埼京線に転用し10両中2両の組込みとしている。一方、常磐快速線にもE231系の投入を始めたが、山手線などと比べ駅間が長くドア開閉の頻度が少ないことや、平均的な乗車時間が長いことなどから6扉車は採用しなかった。また、山手線に投入したE231系は、従来使用してきた205系に比べて車体が拡幅され、1両当たりの定員が多くなっていることや、湘南新宿ライン等別線ルートにより通勤時の混雑状況が従来より緩和されてきたことから、投入後、「6扉車が無くても十分対応可能なのではないか？」という意見があがった。そこで、京浜東北線の209系は、拡幅タイプで6扉車が組み込まれていない209系500番代を一部投入し、拡幅タイプでない6扉車を組み込んだ209系と共通運用を行った。そして、この両タイプの車両で最混雑区間である上野〜御徒町の朝通勤時における乗降時間を比較測定したところ、どちらのタイプでも乗降時間に大差がないことが明らかとなり、平成19(2007)年12月下旬から京浜東北線に投入された拡幅タイプの

E233系については、6扉車の組込みを取り止めることとし、座席の提供数を増やすこととした。

その後山手線では、平成22(2010)年6月に恵比寿駅、同年8月に目黒駅で、6扉車である7号車、11号車の位置を除いてホームドアの使用を開始した。が、京浜東北線の6扉車取り止めの実績により、山手線の6扉車は順次4扉車に置き換えられ、平成23(2011)年10月29日に両駅の山手線のホームドアはすべて使用開始となった。

近郊形については既にロングシートの比率が高まりつつあるなか、総武快速・横須賀線の車両を取替えるタイミングを迎えることになった。

このうちグリーン車については通勤時の高い需要を考慮し、座席数の増加が求められた。2両から3両に拡大すべきという意見もあったが、全体の15両編成をそれ以上長くすることは不可能に近く、グリーン車を増やした分普通車が減少し混雑を高めることにつながることから、両数は2両のまま座席数を増やす方法として2階建ての構造とすることが決まった。2階建てのグリーン車については、これより以前東海道線、総武快速・横須賀線の従来車両に組み込む形で導入されており、総武快速・横須賀線の新車では2両とも2階建て車両を投入することになった。

残る13両の普通車については様々な議論が繰り広げられた。乗降時分短縮とピーク時の混雑緩和のためにはすべてを4扉ロングシートにすべきという考え方がベースとしてあった。一方、従来から近郊電車あるいは中距離電車と呼ばれているように利用者の平均的な乗車時間は山手線や京浜東北線などと比べ長いこと、また、週末には行楽の利用者が多いことなどから、一部はセミクロスシートを配置すべきという議論も生じた。さらには、オールロングシートとオールクロスシートの二種類の編成を作りラッシュ主方向と逆方向

8-10 座席配列の種類

種　類	概　要
ロングシート	車両の側窓を背にして座る長いベンチ仕様の座席で、座席定員は少ない。 都市部の通勤型車両（混雑率が激しい線区）。
クロスシート	1〜3人掛けの座席を、中央の通路を挟んで複数列配置。 特急用車両。 〈座席の形態〉 ・回転式クロスシート　　・リクライニングシート ・転換式クロスシート　　・固定式クロスシート （ボックスシート、集団見合型、集団離反方） 〈座席の配列〉 ・2＋2配列　　・2＋3配列 ・3＋3配列　　・2＋1配列
セミクロスシート	ロングシートとクロスシートを組み合わせた配置。 近郊用・通勤用車両。
収容式座席	車内に設置されている簡易の座席。 JR東日本では、山手線用として205系電車に増結された6扉車。

に使い分けるという案も存在した。最終的には、扉の数はグリーン車以外すべてを4扉とした上で、車両の置き換えが完了すれば乗車位置でシート形態も統一できるというメリットから、編成中の混雑の分布を考慮し千葉方面よりの3両をセミクロスシートとすることで決着した。さらに、次の中距離電車取替えに該当した宇都宮・高崎線と東海道線でもセミクロスシートとロングシート混在の車両編成が踏襲された。

　なお、E217系はセミクロスシートを採用するために、車体の幅を従来の4扉車両より150mm拡げ2950mm（従来の近郊形と同様）とする必要が生じた。この車両をJR東日本の社内車両新造工場である新津車両製作所で製作するために、工場での車体製造ラインも一部変更することになった。このときまでは209系などのオールロングシート車両は2800mmであったが、同製作所で2950mmの車体製造が可

車両の座席配列

8-11 セミクロスシート(左)とロングシート(右)

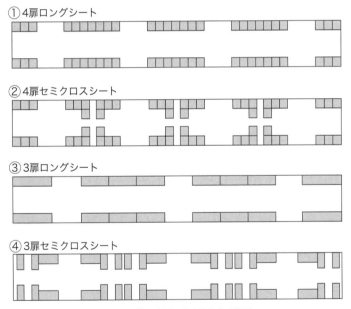

8-12 通勤用車両の代表的な座席配列

能となったことと、車体を拡げ、立ち席のスペースが増えることにより混雑緩和にも貢献できることから、オールロングシート車両も幅2950mmの車両が導入されることになった。総武・中央緩行線用の209系500番代やE231系電車から始まり、地上設備等の制約がある

場合(東京メトロ相互直通用等)を除き、最新鋭のE233系にも適用されている。

このように、車両の客室構造は、混雑状況、乗降時分、到達時分、平均乗車時分などの様々な要素を考慮しつつ、座席数確保と混雑緩和という相反する課題の中で、関係者の試行錯誤の中からその時点での最適解を求めようとした結果であり、これらの状況変化により変遷を遂げてきている。

ダイヤの変更による利便性向上

輸送改善のためには、設備改良、車両増備、乗務員の補充等様々なコスト増が必要とされる。従って、経済性をはじめとした様々な角度からの効果の検討が必要である。

しかし、列車ダイヤの品質を高めるアプローチは量的拡大だけではない。既設の列車ダイヤの改良も重要な課題である。

特に地上設備、車両数、乗務員数等は平日の朝通勤時のダイヤによって決まるケースが多いことから、平日のデータイムや土休日についてはインフラや人的なコストの増加を伴わずにできる可能性がある。あるいは、朝通勤の混雑緩和のために投じる経営資源を活用という効果もある。

ここでは、JR発足後における事例についてそのいくつかを紹介したい。

通勤時間短縮の取組み

JR発足後、輸送改善で特に力を入れて取り組んできたことは、通勤・通学時の混雑緩和の他に通勤時間の短縮がある。宅地の郊外化が進み、遠距離通勤が旺盛になってきたという需要に応えて、都心から概ね70km圏を1時間程度で通勤できるようにすることを目標

にして、各線区で朝通勤時に通勤快速を新設した。

平成2(1990)年3月に京葉線東京開業に合わせて内・外房線から「通勤快速」を新設、平成3(1991)年3月には常磐快速線で「通勤快速」(その後特急「フレッシュひたち」増発時に普通列車へ立替えた)、中央線では平成5(1993)年4月に「通勤特快」、総武・成田線では平成6(1994)年12月に「通勤快速」をそれぞれ朝通勤時間帯に新設した。

これら快速のダイヤ設定にあたっては、都心に近い箇所は極力通過とし、比較的長距離の利用者に到達時分短縮サービスを提供している。

中央快速線のダイヤ

中央線の事例は、地上設備の改良、車両の増備による増発に合わせて列車体系を変更したものである。

中央快速線は首都圏の中でも最も列車頻度の高い線区として、昭和40年代に国鉄が実施した首都圏五方面作戦(主要路線の複々線化による混雑緩和対策)において、最初に線増工事が完成している。さらに遡ると昭和8年には御茶ノ水～中野間の複々線が完成しており、東京の電車区間における快速運転(当時は急行と呼んでいた)電車の先駆けとなった。

昭和41(1966)年に中野～荻窪間、昭和44(1969)年に荻窪～三鷹間が完成し現在に至っている。中野～三鷹間の複々線化にあたり線路の配列は快速上下線と緩行上下線の順に並ぶいわゆる線路別運転方式が採用された。また、工事施工における地元との協議により快速線についても各駅にホームが設けられ、平日には快速電車が各駅に停車している。この点はその後複々線化が行われた総武線、常磐線と異なっている。複々線化完成の半年前に当たる昭和43年に、デー

タイムに限り中野〜立川間で途中三鷹のみ停車となる特別快速電車の運転が開始された。これは、並行する京王電鉄と到達時分の競争を意識した列車であるが、以来中央線の列車体系の核をなしている。

昭和62(1987)年JR発足後、首都圏の各線ではラッシュ時の混雑緩和とデータイムの利便性向上を目指した輸送改善を行ってきたが、その中にあっても中央線の輸送体系は大きく様変わりしてきた。

昭和63(1988)年のダイヤ改正では、夕夜間の通勤時間帯に特別快速電車の停車駅に荻窪と吉祥寺を加えた「通勤快速」が30分に1本の頻度で運転を開始し、平成12(2000)年12月のダイヤ改正までに、15分に1本まで拡充を行ってきている。

平成元(1989)年のダイヤ改正では、データイムに従来20分に1本だった特別快速が15分に1本となり、そのうち1時間に1本は東京〜青梅間の「青梅特快」とされた。一方、高尾行きの一部は大月まで足を伸ばしている。

首都圏の安全性向上のためにATS-Pを導入していくことが昭和63(1988)年に決定し、中央快速線ではこの工事に合わせて信号機間隔を短縮し、最小の運転間隔を従来の2分10秒から1分50秒に短縮することにした。

平成5(1993)年のダイヤ改正で朝の通勤電車を増発することにしたが、その際、遠距離からの利用者のニーズに対応するため、速達タイプの列車とすることにした(この改正で中央快速線の朝ラッシュ1時間当たりの運転本数は28本から30本に増加した)。通勤時の速達タイプの列車の停車駅は、利用状況を想定し慎重に決めなければならない。増発した速達列車にある程度の利用がないと各駅停車の列車の混雑緩和の効果が果たせない。一方、集中しすぎると停車時分が伸びダイヤ混乱につながりかねない。様々な観点から議論した結果、高尾発車後、八王子、立川、国分寺、新宿の順に停車す

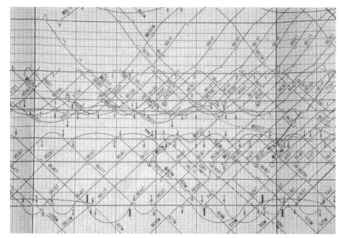

8-13 中央立体交差化切換えダイヤ

ることにした。夜の新宿発下りの特別快速が中野を通過している事例はあるが、特急以外で三鷹を通過する列車は初めてのことであった。「通勤特快」と名付けられた新設列車は改正直後から利用が集まり、当初、3本(増発2本、快速からの立替え1本)でスタートしたものが、その後平成9(1997)年までに5本に成長を遂げている。

夕夜間の通勤輸送については、平成元(1989)年ダイヤ改正で特別快速の運転時間帯拡大、平成3(1991)年ダイヤ改正で通勤ライナー運転開始などが進められてきた。平成10(1998)年から12(2000)年にかけて通勤快速(夕夜間下りに運転しており特別快速に加え荻窪、吉祥寺に停車する)の置き換え増発や立川駅の接続改善が行われた。年々青梅線との直通列車本数が増加してきていたが、多くの乗客は中央線高尾方面行きから立川駅で乗り換えるため、ホーム、階段、コンコースが非常に混雑する。これを勘案し、立川駅中央線下りホームで通勤快速高尾方面行きと直通の青梅行きを接続させる。ま

た、反対に通勤快速青梅行きと各駅停車の高尾方面行きを接続させることにした。通勤快速の価値を倍に高める効果が図られた。関係者の間ではこの施策をET（Easy Transfer＝簡単乗り換え）などと呼んでいた。

　中央快速線は、三鷹〜立川間で連続立体交差化の工事が進められ、平成22（2010）年11月7日に国立駅や武蔵小金井駅などの一部駅の改良を残し、全区間の立体交差化が完了した。高架化により踏切事故の可能性がなくなり安全性が向上した。一方、同区間の輸送力増強、到達時間短縮については引き続き今後の課題となる。

桜木町駅接続ダイヤ

　鉄道の弱点は乗り換えがあることである。自動車のようにドアツードアというようには行かずとも、利用者から考えればなるべく乗り換えは少ない方がよい。このため、最近でも新幹線在来線直通運転、湘南新宿ライン、上野東京ラインなどを実現させ直通運転の魅力を最大限発揮しているところである。今後も相模鉄道とJR線相互直通運転のようにさらに直通運転の拡大が目指されている。

　しかし、直通運転にはやはり限界もあるので次善の策の1つとして、同ホーム乗り換えの接続型ダイヤが考えられる。

　根岸線（横浜〜大船間）は、京浜東北線と比べ、様々な列車が走行する路線である。京浜東北・根岸線の電車はもとより、横浜線直通電車、根岸方面〜桜木町〜高島貨物線方面の貨物列車などが運転されている。現在、データイム（13時台桜木町駅基準）の本数は、京浜東北線（磯子・大船発着）上下各10本、横浜線直通（桜木町発着）上下各6本、貨物列車（根岸〜高島貨物線）の予定臨時列車である。京浜東北線と横浜線の運転間隔が異なるため、かつて根岸線はダイヤ構成が変則的になりがちであった。

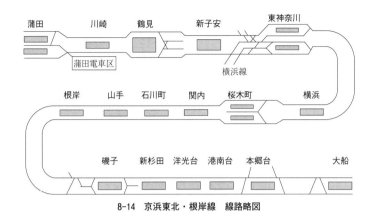

8-14　京浜東北・根岸線　線路略図

　平成6(1994)年12月ダイヤ改正では、この点に着目し、主にデータイムの列車の基本的な体系に大幅な変更を与えることになった。その際のポイントとなったのは桜木町駅である。桜木町駅は、みなとみらい21地区の再開発に伴い改良が加えられていたが、配線は改良前と変わらず中線が両面にホームを有するタイプの2面3線である(**8-14**(図))。中線での折り返しを使用すると、南行、北行とも同一ホーム乗り換えの可能な形態である。そこで、この駅を活用することで横浜線と京浜東北線のシームレスな接続体系を目指したダイヤ編成にすることにした。

　日中帯のダイヤは、以前から南浦和～蒲田間では5分間隔の等時隔ダイヤが組まれていたが、蒲田以南では前述した通り横浜線との調整のため、変則的なダイヤとなっていた。ダイヤ作成作業も横浜線から大船方面への乗り入れ列車を先に計画し、それに合わせて京浜東北線の計画を行っていたことによる影響もあった。

　基本的なダイヤ構成は、輸送需要を勘案し大船までを10分間隔の1時間6本に、磯子までは5分間隔を基本としつつ桜木町から根岸

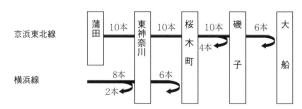

※本数は1時間当りの片道本数

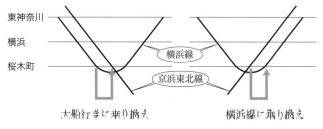

8-15　桜木町駅接続イメージダイヤ

等に乗り入れる貨物列車の運転を考慮し1時間4本とした。それまで、横浜線は大船まで乗り入れる電車がある一方、東神奈川止まりもあるという不統一な面もあったため、1時間当たり上下各7本のうち、ダイヤ構成上止むを得ない1本を除き(現在は増発により2本)6本を桜木町行きに改めた。桜木町では中線に到着した横浜線から降車する乗客が同じホームの反対側に2分〜2分30秒後に到着する大船行きの電車に乗り換えることができるようになるとともに、大船方面から横浜線に乗り換える乗客は同じホームに停車している横浜線の始発電車に乗り換えられるようになった(**8-15**(図))。

　改正後の意見の中には、横浜線から大船方面に向かう利用者から「乗り換えが必要となり不便になった」という声もあったが、概ねよい評価があった。

快速電車の停車駅

 山手線のようなすべての列車が各駅停車となっている路線を別にすると、いずれの路線でも一部の駅を通過する快速列車などを運転している。快速列車の停車駅は、主要駅のみに停車し線区全体としての到達時分を短縮するためのものであり、停車駅の選定は様々な角度からの検討により決定されている。

 JR発足後に快速運転を開始した線区を**8-16**(表)に示す。

 横浜線は、350万人都市横浜と東京西部の業務核都市八王子の間の流動を支える線区である。一方、京王線、小田急線、東急田園都市線、同東横線などの東京に向けた放射状各線区へのアクセス路線という使命も大きい。従って、横浜と八王子間の到達時分短縮と中間駅での乗り換えに対する重点の置き方が、列車の頻度と停車を決定する要因である。横浜線の快速列車は開始から15年を経て、日中帯1時間当たり1本から2本に増強され、長津田、相模原が停車駅に加わり、現在の形態となっていたが、平成18(2006)年3月のダイヤ改正では東横線との乗換駅菊名にも停車することになった。これは、みなとみらい線開業によって、東横線が桜木町に直通しなくなったことで菊名駅乗り換えのニーズが高まったことによるものである。その後、平成20(2008)年3月にJR東日本は「グループ経営ビジョン2020―挑む―」を発表し、その中で武蔵野線、京葉線、南武線、横浜線の東京圏環状線群を「東京メガループ」と称し、「沿線に住みたいと思っていただけるような魅力ある路線づくりに取組む」としており、平成22(2010)年3月改正より、日中帯の快速をさらに1本増発して毎時3本とし、快速はすべて根岸線に直通する体系とし、横浜線の利便性を向上させた。

 また、南武線は快速列車の新設を、日中帯に毎時2本、川崎〜登

8-16 快速運転の開始時期・改正内容と現在の設定本数(平日)

(平成27年4月1日現在)

線 区	改正時期	改正内容	
東海道線	平成元年3月	快速「アクティー」を新設(データイム7往復、夜間4往復)	
	平成2年3月	朝通勤帯に快速「アクティー」を下り1本増発(普通列車の立替) 夕夜間帯の快速「アクティー」(下り4本)の停車駅を見直し(川崎駅・横浜駅通過化)、「通勤快速」に改称(各線区とも)	
	平成5年12月	データイムの快速「アクティー」を下り1本、上り3本増発(下り9本、上り13本体制化)	
	平成13年12月	湘南新宿ラインの運行開始(新宿~横浜間最速29分。「快速」は9往復)	
	平成14年12月	湘南新宿ラインを増発(東海道線系統は3往復増発)	
	平成16年10月	湘南新宿ラインを大増発(東海道線系統の快速は北行8本、南行7本)	
	平成27年3月	上野東京ライン開業に合わせて快速「アクティー」は宇都宮線と直通開始	
	現在	「アクティー」	データイム~夜間帯に1本/時 (下り9本、上り11本)
		「通勤快速」	夕夜間帯(東京19~21時台)に1本/時 (下り3本)
		湘南新宿ライン「特別快速」	データイムに1本/時 (北行8本、南行7本) ※「特別快速」のみ記載
中央快速線	昭和42年7月	データイムに「特別快速」を新設(下り19本、上り18本)	
	昭和63年12月	データイムの「特別快速」を「中央特快」に改称、運転時間帯を夜間帯に拡大して8本増発 データイムに「青梅特快」を新設(6往復) 夕通勤帯に「通勤快速」を新設(下り10本) 到達時分の短縮(東京~高尾間、▲6分40秒~7分) 国分寺駅の2面3線化	
	平成2年3月	夜間帯に新宿始発「中央特快」を下り1本増発 夕夜間帯の下り快速の愛称を「通勤快速」に改称(各線区とも)	
	平成3年3月	夜間帯に新宿始発「中央特快」を下り1本増発	
	平成3年12月	ATS-P使用エリアを中野~高尾間拡大	
	平成5年4月	朝通勤帯に「通勤特快」を新設(上り3本) 「中央特快」の運転時間帯を拡大(下り10時台⇒9時台) 「青梅特快」の停車駅を見直し(国分寺駅停車化)	
	平成5年12月	「中央特快」を早朝時間帯に拡大(下り2本、上り2本)	
	平成6年12月	朝通勤帯に青梅発の「通勤特快」を上り1本新設(快速の立替)	
	平成8年12月	早朝・深夜の快速運転実施時間帯を拡大(下り56分、上り88分拡大)	
	平成9年10月	朝通勤帯に大月始発「通勤特快」を上り1本増発	
	平成10年12月	夕通勤帯に「通勤快速」を下り2本増発(快速の立替)	
	平成11年12月	夕通勤帯に「通勤快速」を下り2本増発(19・20時台の快速を立替)	
		夕通勤帯に「通勤快速」を下り1本増発し、毎時4本体制化 「通勤快速」の青梅行を3本、大月方面行を2本増加	

快速電車の停車駅

	平成12年12月	立川駅の同一ホームで「通勤快速」から高尾・青梅方面行電車に接続
	平成25年3月	データイムの「中央特快」「青梅特快」の到達時分短縮(新宿～八王子最速33分(△3分)) データイムの「快速」の一部を「特別快速」に立替 (平日　快速10→9/h　特別快速　4→5/h　土休日　快速10→8/h　特別快速　4→6/h)
	現在	「中央特快」	データイムを中心に3本/時　(下り29本、上り36本)
		「青梅特快」	データイムを中心に1本/時　(下り7本、上り8本)
		「通勤快速」	夕夜間帯に3-4本/時　(下り19本)
		「通勤特快」	朝通勤帯に1-2本/時　(上り5本)
宇都宮線	昭和63年3月	データイムに快速「ラビット」を新設(下り4本、上り3本) 夕通勤帯に快速「スイフト」を新設(4往復) ※新特急「なすの」を4往復削減(9往復⇒5往復)
	平成元年3月	データイムに快速「ラビット」を下り5本、上り3本増発 夕通勤帯に快速「スイフト」を下り1本増発
	平成2年3月	快速「スイフト」を「通勤快速」に改称(各線区とも) 新特急「なすの」を4往復削減し(5往復⇒1往復)、快速に立替 快速「ラビット」を下り3本、上り1本増発 「通勤快速」を下り1本、上り2本増発(6往復化)
	平成7年12月	快速「ラビット」の停車駅を見直し(小山～黒磯間を各駅停車化)
	平成11年12月	データイムの快速「ラビット」の宇都宮駅発車時刻をパターン化
	平成13年12月	湘南新宿ラインの運行開始
	平成14年12月	湘南新宿ラインの増発(宇都宮線系統は8往復増)
	平成16年10月	湘南新宿ラインの大増発(宇都宮線系統の快速は北行9本、南行7本)
	平成27年3月	上野東京ライン開業に合わせて快速「ラビット」は東海道線との直通運転開始
	現在	「ラビット」	朝通勤帯(上野6～7時台)に1本/時　(下り2本)
		「通勤快速」	夕夜間帯(上野18～22時台)に1本/時　(下り5本、上り6本)
		湘南新宿ライン「快速」	データイムに1本/時　(北行9本、南行7本)
高崎線	昭和63年3月	夕通勤帯に快速「タウン」を新設(4往復)
	平成元年3月	データイムに快速「アーバン」を新設(下り6本、上り7本) 夕夜間帯に快速「タウン」を下り2本増発
	平成2年3月	快速「タウン」を「通勤快速」に改称(下り6本、上り4本。各線区とも) データイムに快速「アーバン」を下り1本増発(3本は普通列車の立替)、上野発時刻をパターン化
	平成6年12月	データイムに快速「アーバン」を1往復増発(普通列車の立替)
	平成7年12月	池袋～籠原間に「快速」を新設(普通列車の立替) 快速の停車駅を見直し(北本駅停車を4本追加(19本中8本が停車))
	平成13年12月	湘南新宿ラインの運行開始(「快速」は9往復)
	平成14年12月	湘南新宿ラインの増発(高崎線系統は3往復増)

路線	時期	内容
高崎線	平成16年10月	湘南新宿ライン大増発(高崎線系統の快速は南行7本、北行8本) 湘南新宿ラインに「特別快速」を新設(東海道〜高崎線系統。恵比寿駅通過)
	平成27年3月	上野東京ライン開業に合わせて快速「アーバン」は東海道線との直通運転開始
	現在	「アーバン」 朝通勤帯(上野8〜9時台)に1本/時 (下り2本) 「通勤快速」 夕夜間帯(上野18〜22時台)に1本/時 (下り5本、上り4本) 湘南新宿ライン「特別快速」 データイムに1本/時 (北行8本、南行7本)
常磐線	昭和46年4月	上野〜取手間で快速運転開始(綾瀬〜我孫子間複々線完成)
	平成3年3月	通勤時間帯に中距離電車を新設(上野〜土浦間60分運転、朝上り1本、夕下り1本)
	平成7年12月	朝通勤帯に中距離電車に「通勤快速」を上り1本増発(上野〜土浦間)
	平成9年3月	朝通勤帯に中距離電車に「通勤快速」を上り1本増発(上野〜土浦間) 水戸〜土浦間の停車駅を見直し(快速運転中止し、各駅停車化)
	平成17年7月	データイムに「特別快速」を新設(下り6本、上り5本) 朝通勤帯の「通勤快速」を普通列車化(上り1本) 夕通勤帯の「通勤快速」を廃止 ※「おはようフレッシュひたち」「ウィークエンドフレッシュひたち」の定期列車化 ※夕通勤帯に「フレッシュひたち」を増発(上野発19:15)
	平成18年3月	※朝通勤帯の「通勤快速」を普通列車化(上り2本) データイムに「特別快速」を1本増発(6往復化) ※通勤帯に「フレッシュひたち」を増発(朝上り1本、夜下り2本)
	平成27年3月	「特別快速」を北千住駅に新たに停車
	現在	「特別快速」 データイムに1本/時 (下り6本、上り6本)
京浜東北線	昭和63年3月	データイムに「快速」を新設(田端〜田町間、南行63本、北行60本。短縮時分▲6分15秒〜6分50秒)
	平成14年7月	「快速」の停車駅を見直し(浜松町駅停車化)
	平成27年3月	「快速」の停車駅を見直し(神田駅停車化、御徒町駅土休日のみ停車化)
	現在	「快速」 データイムに11本/時 (南行58本、北行55本)
横浜線	昭和63年3月	データイムに「快速」を新設(東神奈川〜八王子間、8往復)
	平成元年3月	新型車両(205系)への統一による到達時分の短縮(「快速」▲3分20秒)
	平成6年12月	「快速」を増発(運転間隔1時間⇒40分化) 「快速」の停車駅を見直し(長津田駅停車化)
	平成10年3月	「快速」の停車駅を見直し(相模原駅停車化)
	平成11年3月	「快速」のパターン化(運転間隔30分化) 到達時分の短縮(東神奈川〜八王子間で▲2分30秒)
	平成22年3月	「快速」を増発(2本/h→3本/h)
	現在	「快速」 データイムに3本/時 (下り17本、上り18本)

路線	年月	内容
埼京線	昭和60年9月	赤羽〜大宮間開業 「通勤快速」(下り22本、上り25本)、「快速」(14往復)
	平成元年3月	朝通勤時間帯に「通勤快速」を上り1本増発 データイムに「快速」を増発(下り7本、上り6本) 夕夜間帯に「快速」を増発
	平成3年3月	終電直前に「通勤快速」を下り1本増発 新型車両(205系)への統一による到達時分の短縮
	平成8年3月	新宿〜恵比寿間の延長運転開始
	平成14年12月	夕通勤時間帯に「通勤快速」を下り1本増発 恵比寿〜大崎間の延長運転、およびりんかい線との直通運転開始
	平成18年3月	りんかい線との直通運転を終日に拡大
	現在	「快速」 データイムに3本/時 (下り22本、上り21本) 「通勤快速」 朝通勤帯に4-5本/時、夕夜間帯に3本/時 (下り30本、上り28本)
総武快速線	昭和47年7月	東京〜成田・君津・大原間で快速運転を開始 (東京〜錦糸町間新設、錦糸町〜津田沼間複々線化)
	昭和63年3月	一部列車の千葉以東発化
	平成3年3月	快速「エアポート成田」を新設し成田空港へ乗り入れ開始(16往復)
	平成6年12月	通勤帯に「通勤快速」を新設(東京〜成田間、朝上り1本、夜下り1本)
	平成10年3月	朝通勤帯に「通勤快速」を上り1本増発
	平成11年12月	新型車両(E217系)への統一に伴う、錦糸町〜千葉間の速度向上 (120km/h運転、東京〜千葉間▲1分) 夜間帯に内房線・外房線へ延長運転(内房線・外房線各1往復)
	平成12年12月	データイムの快速「エアポート成田」の東京発時刻をパターン化
	平成22年12月	「あやめ5号」廃止に伴い21時台に通勤快速1本増発
	現在	「通勤快速」 夕通勤帯に下り2本、朝通勤帯に上り2本
京葉線	平成2年3月	新木場〜東京間開業 朝夕の通勤帯に内房線・外房線直通の「通勤快速」を各1往復設定 朝夕の通勤帯に内房線・外房線直通の「快速」を各1往復設定(総武快速の立替) その他「快速」45往復、武蔵野線直通「快速」41往復を設定
	平成3年3月	夜間帯に内房線・外房線への直通快速を新設(内房線下り2本、外房線下り2本) 「快速」の停車駅を見直し(海浜幕張駅停車化)
	平成7年12月	葛西臨海公園駅・海浜幕張駅に追越設備を新設、到達時分を短縮 (データイムの快速▲2分、「通勤快速」▲7分) 朝通勤帯に内房線・外房線からの直通「通勤快速」を増発(内房線上り1本、外房線上り1本。80キロ圏60分台運転) 夜間帯に内房線・外房線への直通快速を増発(内房線下り1本、外房線下り1本)
	平成8年12月	朝通勤時間帯に武蔵野線直通「快速」を上り1本増発 夜間帯に「快速」を下り2本増発
	平成12年12月	データイムの「快速」の停車駅を見直し(千葉みなと駅停車化)

京葉線	平成14年12月	朝通勤帯の各駅停車1本を「快速」に立替 朝通勤帯に武蔵野線直通「快速」を上り1本増発 「快速」の停車駅を見直し（南船橋駅、千葉みなと駅停車化）	
	平成16年10月	朝通勤帯に外房線からの直通「快速」を上り1本増発 「通勤快速」の停車駅を見直し（新木場駅停車化）	
	平成19年3月	武蔵野線直通「快速」の初電、終電を増発	
	平成20年3月	朝通勤帯に「快速」、武蔵野線直通「快速」を各1本増発	
	平成25年3月	武蔵野線の東京方面直通列車は快速運転を取り止め「各駅停車」に変更	
	現在	「快速」	通勤時間帯に3-4本／時、データイムに2本／時（下り45本、上り42本）
		「通勤快速」	朝通勤時間帯に2本／時、夕通勤時間帯に1本／時（下り2本、上り4本）
		武蔵野「快速」	通勤時間帯に3本／時、データイムに2本／時（下り55本、上り55本）
南武線	平成23年3月	データイムの快速運転開始（川崎～登戸間） ※東日本大震災の影響により実際は4／9より運転開始	
	平成26年3月	快速運転区間を川崎～稲城長沼間に拡大	
	平成27年3月	快速運転区間を川崎～立川間に拡大	
	現在	「快速」	データイムに2本／時（下り12本、上り12本）

戸間を運行させて、都心と郊外を結ぶ各路線の結節点となる川崎、武蔵小杉、武蔵溝ノ口、登戸駅間のアクセスを便利にすることを目的に平成23（2011）年3月12日のダイヤ改正で実施する予定であったが、前日の東日本大震災発生と福島第一原子力発電所等の停止の影響により、平成23（2011）年4月9日まで実施を見送る結果となった。その後、同年7月1日からの「電力使用制限令」の施行により、南武線の快速列車は、同年6月24日～9月9日の平日について運転を取り止めることとなった。平成27（2015）年3月改正にて快速列車の運転区間を川崎～立川間に拡大し、到達時分の短縮を図っている。

　京葉線は国鉄時代に西船橋～千葉みなと間が開業しており、平成2年に東京～蘇我間に延伸された。現在は通勤通学輸送並びに舞浜駅に隣接するディズニーランド等への足として、多くの役割を担っている。京葉線は当初、現在、東京臨海高速鉄道りんかい線の一部

となっている区間を含め、京葉工業地帯と京浜工業地帯を直結する貨物線として計画された。しかし、貨物輸送量の減少、通勤需要の拡大の中で総武線の旅客バイパス線区として東京延伸が計画された。京葉線開業までは総武・成田線、内房線、外房線から東京方面に直通するすべての特急・快速電車が総武快速線東京～千葉間を運転していた。京葉線開業により、このうち内房線、外房線の特急はすべて京葉線経由となり、また、直通の快速が新たに増発された。従って、京葉線の快速列車の使命は線内主要駅間の速達化とともに外房線・内房線からの直通運転による時間短縮を担っているものであることから、通勤快速、快速、休日快速等いくつかの種類に分かれていた。このうち、平日の快速列車は当初、乗換駅の新木場を通過していたがその後停車とした。平成25(2013年)3月改正にて武蔵野線の東京方面直通列車を各駅停車に変更している。

　常磐線は平成17(2005)年7月のダイヤ改正で、データイムに新型車両E531系を使用した「特別快速」を上野～土浦間に毎時1本新設した。

　「特別快速」は新型車両E531系の性能を活かし、JR東日本の在来線普通列車で初めて130km/h運転を行い、上野～取手間を最速31分、上野～土浦間を最速55分で運転して、これまでの普通列車に比べ上野～取手間で▲11分、上野～土浦間で▲16分の大幅な短縮を実現し、速達化による利便性向上、対抗輸送機関との競争力強化を図った。また、「特別快速」の停車駅は、上野～取手間は日暮里・松戸・柏の3駅のみの快速運転、取手～土浦間は各駅停車としたが、上野～取手間では到達時分を短縮するために北千住駅も通過するこれまでにない停車パターンを採用した。なお、平成27(2015)年3月改正での「上野東京ライン」開業に合わせて、直通利便性を考慮し「特別快速」は新たに北千住駅に停車とした。

グリーン車の連結拡大

グリーン車は、先述した通り有効な着席サービスの１つであるが、１等車（３等級制の時代には２等車）と称されていた時代から普通列車にも連結されていた線区があった。特に、東海道線は昭和25（1950）年に湘南電車の愛称で国鉄初の長編成電車列車が運転開始されて以来連結されてきた。戦前から電車列車が運転されていた横須賀線も同様である。JR東日本発足時点では、横須賀線と直通運転している総武快速線も含めグリーン車が２両ずつ連結されていた。

通勤の遠距離化や利用客の嗜好変化などにより年々利用が高まり、座席の不足を補うため２階建のグリーン車が開発されこれらの線区で使用されるようになった。

湘南新宿ラインは東海道線、横須賀線と宇都宮線、高崎線を直通するルートであり、どのような車両編成による輸送サービスとするか大いに議論となった。以前より宇都宮線、高崎線にもグリーン車を連結してほしいという利用者の意見もあり、着席サービスの充実という観点から検討中であった。このような潜在的なニーズと、湘南新宿ラインという新しい輸送形態との２つのテーマがきっかけとなり、湘南新宿ラインと上野発着の宇都宮線、高崎線にグリーン車を連結することになった。

実施に向けた最も大きな課題は２つあった。１つ目は、グリーン車を利用する場合のグリーン券の購入方法と車内における確認などの利用システムであり、２つ目は、車両の投入計画であった。

既にグリーン車を連結していた東海道線、総武快速・横須賀線のグリーン車には必ず専門の車掌が１〜２名乗務し、すべての利用者のグリーン券、グリーン定期券を確認する方法を採っていた。この方法は混雑する朝夕の時間帯では非常に時間を要し、グリーン車の

連結拡大に合わせて相当数の車掌を増員しなければならない。また、グリーン券を持たずに着席している利用者と乗車前にグリーン券を所持している利用者のどちらを優先的に着席してもらうかなどの課題が生じていた。

これらの課題に対する社内の検討は平成12(2000)年春頃から開始されたが、平成13(2001)年11月に営業開始された非接触型IC乗車券Suicaを活用したシステムを開発できないかという議論に至った。元々のSuica導入計画もかなりタイトなものだったが、経営トップからの指示によりグリーン車Suicaシステムの開発もこれに加えられた。改札内外の券売機にSuicaを挿入しタッチパネルから乗車区間等を入力し、乗車後にグリーン車各座席上部に取り付けられた読取装置に軽くタッチすれば表示ランプが赤から緑に変わる方法で、車内を巡回した係員はグリーン券を確認する必要がなくなるというものである。このシステムと同時にグリーン車にはグリーンアテンダントと称する専門の係員が乗務することになった。株式会社日本レストランエンタプライズが採用する従業員である。

グリーン車拡大に関連する車両の導入計画については、湘南新宿ライン増発用の車両、東海道線の旧型113系の取替えも関連し複雑な操配を行うことになった。最高速度120km/hに向上を目論む湘南新宿ラインはそれに対応できる新形式E231系に統一。東海道線は113系からE231系への取替えを順次進めるが、211系との混在となる。上野発着の宇都宮線、高崎線は既に旧形式115系からE231系への取替えが進んでいたがグリーン車が連結されていないため、新造したグリーン車により捻出された普通車は東海道線用のE231系に組み込まれた。115系取替え完了後は東海道線同様211系との混在となるが、グリーン車は東海道線の113系で使用されていたステンレス製の2階建てグリーン車などを転用する。このため、非常に複雑

な新車搬入、組換え計画を実施することになった。宇都宮線、高崎線用の普通車のみの編成に組み込むためのグリーン車82両を普通車の代わりに新造したが、グリーン車が4両組み込まれた10両編成が試運転などで本線を走行する姿は異彩を放った。

当初計画では、211系へのグリーン車組込みが完了した平成18 (2006) 年7月時点での宇都宮線、高崎線はグリーン車の連結率が80％程度であったが、実施後の利用にも後押しされ車両が増備された結果、各線区とも都心部以外の区間列車を除き100％の連結率となっている。

さらに平成19 (2007) 年3月のダイヤ改正では常磐線のE531系にもグリーン車が連結され、サービスの拡大を図った。

今後は、中央快速線等でのグリーン車サービスを平成32 (2020) 年度に開始する予定である。これにより首都圏主要5方面（東海道、中央、東北、常磐、総武方面）すべてにグリーン車が導入されることとなる。

第9章　在来線の列車ダイヤ

在来線の特急列車

　新幹線の路線網は、平成27(2015)年3月の北陸新幹線長野～金沢間開業および平成28(2016)年3月の北海道新幹線新青森～新函館北斗間開業により、営業キロ合計が約3,000kmに至り、北海道から鹿児島県まで1都1道2府27県をつなぎ、鉄道路線の大動脈となった。このうちJR東日本の新幹線は、山形・秋田新幹線を含めて1都11県となる。

　しかし、新幹線の通らない県、都市については、在来線の特急列車が引き続き重要な使命を担っている。

　都心を発着する在来線特急列車では、中央線東京・新宿～甲府・松本間の「スーパーあずさ」「あずさ」「かいじ」と、常磐線品川・上野～水戸・いわき間の「ひたち」「ときわ」が運転本数、輸送量ともに筆頭格である。

　両線とも首都圏の通勤線区の使命も帯び、ダイヤ設定上厳しい条件の中、概ね30分間隔で特急列車の運転を行っている。

　中央線特急「あずさ」は、昭和41(1966)年12月に2往復で運転を開始した。その後、急行「アルプス」等からの格上げを含め順次運転を拡大し、平成20(2008)年3月ダイヤ改正では新宿～松本間で「スーパーあずさ」8往復、「あずさ」10往復、また新宿～甲府間で「かいじ」12往復の合計30往復の体制となっている。また、都心の始終着駅は当初新宿のみとなっていたが、利便性の拡大を図るため、上り東京行き4本、千葉行きが1本、下り東京発4本、千葉発1本となった(平成27(2015)年3月現在)。近年、地方の新幹線、在来線

の特急停車駅で駅前の駐車場整備によるパークアンドライドの施策を進めているが、中央線では甲府駅の次の竜王駅に地元バス会社所有の駐車場整備に合わせ、「かいじ」2往復を竜王に延長した。運転区間の拡大とともに、利便性拡大のために三鷹、立川の停車が拡大されている。

車両は、永年使用された183系に代わり、先に振り子式のE351系が停車駅の少ない速達タイプの「スーパーあずさ」に投入され、その後「あずさ」「かいじ」にE257系が投入され、現在はすべての定期列車がJR発足後の新車に置き換えられた。

中央線は、沿線の特性から曜日と季節による利用の波動が大きい。利用状況は、ピークとなる8月は年平均の約2割増、土休日も同じく約2割増にある。このため、GWなどのピーク日の臨時列車については最大片道10本程度増発される。

常磐線の特急列車については、昭和44（1969）年に臨時特急として「ひたち」1往復（上野～平）運転、昭和45（1970）年に「ひたち」は定期特急化されて以来、急行「ときわ」等からの格上げを含め運転本数を拡大してきた。現在、「ひたち」下り15本、上り15本、「ときわ」下り23本、上り21本の合計74本の運転となっている。

常磐線の特急は通勤需要を多く担っており、平日は9本が10時前に上野に到着するように設定されている。以前はこのうち2本がE653系7両編成を2本つなげた14両編成であり、932名の座席定員を誇っていた。車両は、先に速達タイプの「スーパーひたち」に651系が投入され、その後「フレッシュひたち」にE653系が投入された。その後、651系およびE653系の後継車として、さらに新型車両（E657系）（写真9-1）を平成24（2012）年3月のダイヤ改正より順次投入するが、平成23（2011）年3月の東日本大震災および福島第一原子力発電所の放射能汚染等の影響により竜田～原ノ町間、相馬～浜

吉田間が、現在も不通となっており、特急列車は上野〜いわき間ですべてE657系で運転を行っている。平成27(2015)年3月より速達タイプの「ひたち」、停車タイプの「ときわ」に名称を改め、品川駅までの直通運転を開始している。

9-1　E657系

　なお、中央線や常磐線など、特急列車を運転している線区では、普通列車とのダイヤ構成に大変な苦労が必要となる。特急列車は普通列車に比べ停車駅が少なく速度も速い。そのため、どうしても普通列車に追いつき、途中駅で追越しをかけることになる。しかし、追越し設備を持つ駅はそれほど多くなく、普通列車に追いつけばどの駅でも追越せるわけではない。また、普通列車は待避のための停車時分増により、ますます到達時分が延びるばかりでなく、先行列車との運転間隔が開いてしまうことになる。

　このため中央線の新宿〜高尾間、常磐線の上野〜取手間のような首都圏の普通列車の運転本数が多い区間では、特急列車と普通列車とのダイヤ構成が大変難しくなるとともに、特急列車本来の車両性能を活かすほどの高速運転ができない宿命を帯びている。

　また、首都圏では、一部の例外を除き朝の通勤・通学の最ピーク時間帯での特急列車の運転を行っていない。これは、特急列車を運転することにより普通列車の運転本数が減ることや特急列車の前後で普通列車の運転間隔が開き混雑偏りが発生することを防止するた

めであり、通勤・通学のための普通列車の運転を最優先としている。

夜行寝台特急列車

　国内の航空路が整備されていない時代には、鉄道が移動手段の大半を占めており、多くの夜行列車が運転されていた。国鉄が昭和30年代から40年代にかけて整備を進めたブルートレインと呼ばれる夜行寝台特急列車は、開業当初「動くホテル」と親しまれた。午後から夜間にかけて始発駅を発車し、寝台で睡眠をとり翌日朝から昼にかけて目的地に到着するという運転形態が、ビジネスをはじめとする多くの利用者の支持を得ていた。

　しかし、航空網や新幹線の整備により時間距離が短縮されたことや生活環境の変化などにより、年々利用が低下してきた。

　最も代表的な東海道線を運転するブルートレインは昭和62(1987)年のJR発足時に、東京発着で山陽・九州・四国方面に「さくら」・「はやぶさ」・「みずほ」・「富士」・「瀬戸」各1往復、「あさかぜ」2往復、山陰方面「出雲」2往復を運転していた。しかしながら、年々利用者の減少が見られたため廃止され、現在では、山陰・四国方面電車寝台特急「サンライズ瀬戸・出雲」のみとなっている。

　平成10(1998)年7月に、従来の客車編成から電車寝台に置き換えられた「サンライズ出雲・瀬戸」はすべて個室としながら、価格設定のバリエーションがあることとあわせ、東京22時発、米子9時03分、出雲市9時58分、高松7時27分という時間帯の良さから平均乗車率6割強(定員150名)を確保している。

　一方、長距離列車には単に移動手段としての利用だけではなく、乗ること自体の魅力を提供できるサービスを追及した列車がある。

　昭和63(1988)年3月に開業した青函トンネルを利用した上野〜札幌間の寝台特急「北斗星」、あるいは、日本海の夕日を楽しむこと

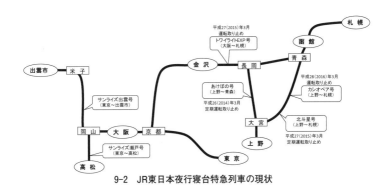

9-2　JR東日本夜行寝台特急列車の現状

をコンセプトにした「トワイライトエクスプレス」が該当する。個室寝台を主体とした車両編成で食堂車、シャワールームなども連結し列車の旅をゆったりと楽しんでもらうことを目指している。上野〜札幌間ではさらに車両のグレードを上げ、2人用個室寝台のみとした「カシオペア」も平成11(1999)年に登場している。

なお、平成27(2015)年3月改正にて「北斗星」は定期列車としての運行を取り止め、平成28(2016)年3月改正における北海道新幹線開業に合わせて急行「はまなす」および臨時寝台特急「カシオペア」は運転を取り止める。これにより、定期寝台特急列車として残っているのは「サンライズ瀬戸・出雲」のみとなっている(**9-2(図)**)。

地方圏の列車ダイヤ

JR東日本の収入構造は3割弱が新幹線、7割弱が関東圏在来線で、合わせると9割強を占める。営業キロで約6割を占める関東圏以外の在来線については、収入でみると1割未満である。また、これら関東圏以外の在来線区はJR発足直後と現在を比較すると、減

少傾向にある。

これらの収益性の低い線区を維持させていくために必要なのは、様々なアイデアを駆使した収入の増加とコストの削減であり、減少している輸送量に歯止めをかける対策である。

収入増を目論み、昭和63(1988)年のダイヤ改正では、ローカル列車の編成を短くしこれにより運用本数を増加させ列車の増発を行い、利便性向上を図った。これは利用減→コスト減のため列車本数減・車両編成減→利用減という悪循環からの脱却を狙ったものである。規模としては355本の増発、1.3万キロの増発を行ったものである。

東京圏以外の在来線の中で都市交通としての需要の高い仙台圏のダイヤについて紹介する。9-3(図)に示したように仙台駅を中心とし南方面に東北線仙台～福島間、常磐線岩沼～原ノ町間、西方面に仙山線仙台～愛子間、北方面に東北線仙台～小牛田間並びに仙石線あおば通～松島海岸間の15kmから80kmが通勤・通学を主体とした需要の高いエリアである。

この仙台エリア全体の輸送人キロは、会社発足当時から増加傾向にあり、これまでのダイヤ改正により東京圏と類似する都市型のダイヤ編成への再構築が行われてきた。全体の傾向として仙台寄りの利用の高い区間については、フリーケンシーを向上させている。一方、車両については順次老朽取替えを進めているが、従来455系、417系、715系等3～4両単位の編成だったものを719系、701系等2両単位の編成に置き換え、ピーク帯の併結運転と閑散帯の短編成運転のいずれにも対応できるようにしている。

701系電車は、平成5(1993)年から交流区間の標準車両として導入された。導入した目的は、東北エリアの12系・50系客車の機関車付け替え解消、スピードアップ、通勤・通学時に使用していた455系急行形電車などの混雑緩和・遅延解消および老朽取替えなどであ

編成は2両単位の他に、3両単位と4両単位のものがあり、時間帯の輸送量にフレキシブルに対応させ、適正な輸送力と効率的な運用、およびフリーケンシーの

9-3 仙台エリアマップ

確保に努めている。座席は当初、ロングシートであったが、利用者の意見や利用状況に鑑みクロスシートに改造または新造した車両もある。

仙石線ダイヤは昭和63(1988)年6月のダイヤ改正において、1200キロ規模の大幅な増発を実施し、利便性向上を図った。仙台口で20往復の増発、これまで5駅、13駅停車の快速列車の停車駅を6駅(停車駅：本塩釜・松島海岸・高城町・野蒜・陸前小野・矢本)に統一するとともに、愛称名を「うみかぜ」とし、ヘッドマークも取り付けた。ダイヤ使用方では、従来全日ダイヤ(基本ダイヤは通年で1種類としていること)であったものを、平成12(2000)年から東京圏と同様の平日ダイヤと土休日ダイヤの2種類に変更したが、平成16(2004)年度のダイヤ改正で、運転本数確保と利便性向上のため、土休日は平日並みの運転本数とし、土休日ダイヤは廃止している。具体的に土休日ダイヤ廃止前後の運転本数(下り片道)比較をすると、平成16(2004)年3月では、平日は普通92本・快速13本・合計105本、土休日は普通76本・快速16本・合計92本であったものを、平成16(2004)年10月の改正では、平日普通92本・快速13本・合計105本としているが、土休日朝通勤帯の4本を運休して輸送力調整を行って

いるが、実質的には頻度がアップし、観光需要に対応した利便性の向上につながった。

　また、平成19(2007)年3月改正で、仙台空港鉄道㈱の仙台空港アクセス線整備線開業(名取〜仙台空港間)に合わせ、仙台〜仙台空港間(17.5km)相互直通運転を開始した。新型車両(E721系)を投入、終日40本、2〜3本／時、仙台〜仙台空港間最速快速で17分となっている。編成両数は2〜6両でJR東日本としては初めての6両ワンマン運転を行った。しかし、平成23年3月11日の東日本大震災と大津波の影響により、上記の仙石線および仙台空港アクセス線は寸断された。仙台空港アクセス線は平成23(2011)年10月1日に全線復旧している。

　また、平成27(2015)年5月30日に震災により運転を見合わせていた仙石線高城町〜陸前小野間の復旧及び東北本線との接続線(仙石東北ライン)完成に伴い、仙台〜石巻間で新たな直通運転を開始した(**9-4**(図))。

　次に長野・松本エリアの輸送について紹介する。平成16(2004)年10月、誕生した松本〜長野(現在は塩尻始発)間運転の「おはようライナー」については、静かな特急車両(189系376席)で着席して、速く長野へ到着できるという目的で設定した。長野着時刻8時09分の設定は、長野県庁等への出社も考慮しての設定である。東京圏のライナー同様、乗車券の他乗車整理券が必要で、東京圏のライナー料金は510円であるのに対して、310円の設定である。松本エリア〜長野エリア間の定期マーケットは6,000人程度あり、通勤の利用は、1533M(長野着8時03分)に集中していること、特急「しなの」の長野〜松本・塩尻間の利用も1列車100名程度利用があることから、300円（導入当時）の料金を払って、着席しての通勤需要はあると想定できた。営業開始日の10月18日の利用は100名程度であったが、

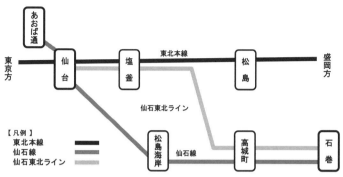

9-4　仙石東北ライン直通運転イメージ

その後順調に実績を伸ばし、現在では180名程度（5割程度）の利用となって定着している。

9-5　東北本線（E721系500番代＆E721系0番代）

大糸線（松本〜南小谷間）については、昭和61（1986）年11月、需要の見込まれる松本〜穂高間に普通列車を12往復、松本〜信濃大町間も3本増発してきた。この背景には、この改正での大糸線直通特急増発を含め、昭和62（1987）年「長野道豊科インター開業」も視野に入れた対応となっている。大糸線は、JR発足以降、輸送量は増加してきたが、平成6（1994）年以降、微減傾向で推移、見直しを実施し、E127系電車の導入時に大きな見直しを実施した。そのポイントとして、①短編成のメリットを最大限に活用して、輸送量に見合った輸送力とし、通勤通学の時間帯に165系等急行形電車で運用されていたため、乗降に時間を要しており、乗降時分の短縮による遅延防止を図る、

9-6 大糸線（E127系）

②ワンマン運転を実施する、③松本運転所(現松本車両センター)と長野総合車両所(現長野総合車両センター)の115系電車を共通運用にして車両数と予備車の削減を図った。平成10(1998)年12月から営業開始となり、ワンマン運転については、平成11(1999)年3月から開始となっている。座席配列は特色があり、観光路線である大糸線を考慮して、北アルプス側がクロスシート、反対側がロングシートとなっている。

第10章　輸送総合システム

列車ダイヤは鉄道の商品価値を決める最も重要な要素である。利用者のニーズなどの様々な設定目的に沿うよう、列車ダイヤ構成上の制約のもと、列車をどのような時刻で運転するか、列車相互の関連付けをどのように行うか、列車ダイヤの作成には膨大な手間と時間を要する。この仕事は鉄道開業以来、長年にわたり手作業で行われてきた。また、作成した列車ダイヤを駅・乗務員区所・保守関係区所などの現業機関へ伝達する作業も、紙の印刷物を介して行われてきた。

列車ダイヤの作成から現業部門への伝達までの一連の作業のうち、列車ダイヤ作成時のチェックや、現業機関への伝達と抜粋・転記・照合といった部分をシステム化することで、作業ミスの防止や膨大な事務的作業の軽減を図ることを目的に、昭和63(1988)年からJR東日本が開発を進めてきたのが、「輸送総合システム」である。

開発当初の「輸送総合システム」全体概念図を**10-1**(図)に示した。

計画伝達システムの導入

「輸送総合システム」の全体構成のうち、平成2(1990)年から平成7(1995)年にかけてJR東日本全社で導入されたのが、駅・乗務員区所・保守関係区所などの現業機関への列車ダイヤの伝達を担う「計画伝達システム」である。

システム導入以前は、JR東日本の各支社で作成された列車ダイヤや、季節波動計画などによる列車ダイヤの追加・変更情報は、紙に印刷された列車ダイヤや運転報と呼ばれる冊子を支社や現業機関に配布することにより伝達されていた。現業機関は運転報を閲覧の

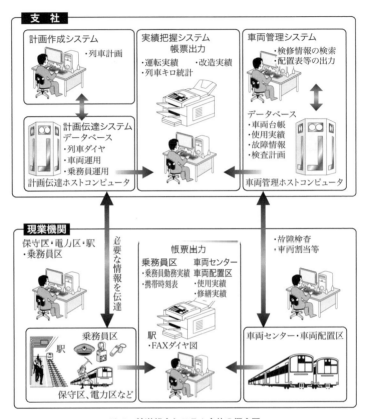

10-1 輸送総合システム全体の概念図

うえ、自箇所に関係のある部分を探し出し（抜粋）、現業機関で使用する各種原簿に書き込む（転記）。この各種原簿から、駅では列車を発着時刻順に並べたうえで番線などを記載した運転状況表、乗務員区所では乗務員の点呼簿や携帯時刻表・行路票といった、現業機関で使用する各種帳票類を作成していた。

これら帳票類は、日々の列車運行に使用するものであり、手作業

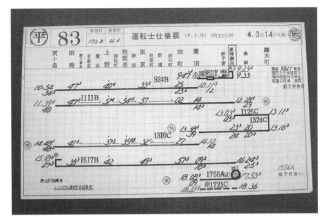

10-2　手書き行路表

による抜粋漏れや転記誤りなどが列車運行のトラブルに直結するため、作成者とは別の社員がチェックすることで作業ミスの防止を図っていた(照合)。しかし、人間によるチェックであるため、完全に作業ミスを防止ことはできず、正確性に欠けていた。また、抜粋・転記・照合に膨大な手間と時間を要することで迅速性に欠けていた。

「計画伝達システム」は、手作業で作成した列車ダイヤをデータベースに登録のうえ、季節波動計画などにより列車ダイヤの変更などが発生する場合は、変更内容をコンピュータに入力し、これを通信ネットワーク経由で現業機関に設置した専用端末に配信することにより、端末での帳票作成処理などを実現することでスタートした。「輸送総合システム」全体のシステム構成からすると一部機能導入の段階であったが、現業機関における業務近代化の効果も大きく、当初の目的を達成した。また、保守関係区所では見張り用の簡易ダイヤが出力されるようになったことで、作業安全の向上にも貢献し

192　第10章　輸送総合システム

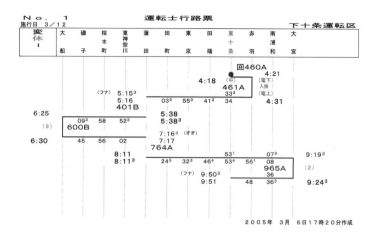

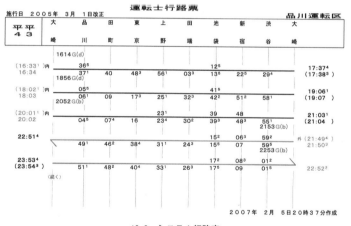

10-3　システム行路表

ている。

「計画伝達システム」では列車ダイヤをデータベース化するため、日々の列車運行を担う運行管理システムとのデータ接続による効果も期待された。しかし、「輸送総合システム」がJR東日本全社を対

計画伝達システムの導入　　　*193*

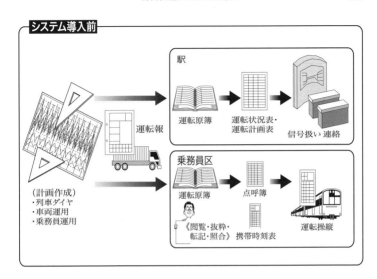

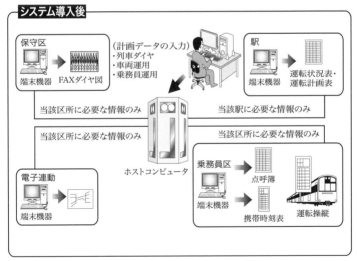

10-4　**計画伝達システムの概要**

象として開発・導入されたのに対し、運行管理システムは線区ごとに導入されたため機能・仕様とも多種多様であり、東京圏に限っても、後述する東京圏輸送管理システム(ATOS)は当初から「輸送総合システム」とのデータ接続を前提にシステム間インターフェースを構築していた一方で、「輸送総合システム」導入以前からコンピュータ制御を行っていた武蔵野線・京葉線は「輸送総合システム」と単純にデータ接続ができる構造になっていなかった。このため、地方線区の運行管理システムも含めてデータ接続に対応するべくシステム間インターフェースの開発を行い、列車ダイヤデータの自動伝送の仕組みを構築した。

システム導入前後比較の一例として、乗務員の行路票について、システム導入前の手書きのものを10-2(写真)に、システム導入後のものを10-3(写真)に示した。また、「計画伝達システム」の概要を10-4(図)に示した。

計画作成システムの導入

「輸送総合システム」の全体構成のうち、平成10(1998)年から導入されたのが「計画作成システム」である。

列車ダイヤは様々な設定目的に沿うよう作成するものであるが、実際の作業では、列車ダイヤ構成上の様々な制約のもと、検討段階で試行錯誤を繰り返すことは第4章で示した通りである。

このうち、使用する車両の性能などにより設定される運転時分、信号機間隔などにより設定される続行時隔・平面交差支障時分などの条件について、従来の手作業による列車ダイヤ作成では、これら条件を網羅した"虎の巻"などを頼りに担当者は計画内容に誤りがないか確認していた。また、列車運転密度の高い線区に臨時列車を運転する場合は、ダイヤ改正の際に一旦設定した列車の時刻などを一

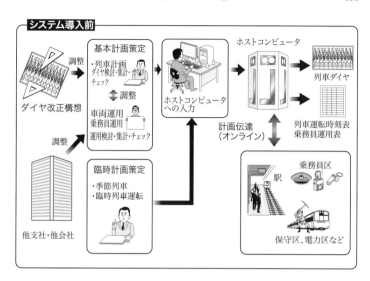
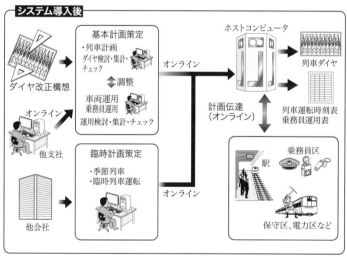

10-5　計画作成システムの概要

部変更する場合があるが、変更内容の検討は紙に印刷された列車ダイヤ上での作業となっていた。

「計画作成システム」では、検討段階も含めた列車ダイヤ作成を、専用端末の画面上に表示された列車ダイヤに向かって対話形式で行うことが可能になるととともに、入力およびデータ登録時に列車ダイヤ構成上の様々な制約をシステムがチェックすることで、システム担当者の作業効率と計画内容の正確性が飛躍的に向上した。

「計画作成システム」の概要を**10-5**(図)に示した。

輸送総合システムの更新

「輸送総合システム」は、開発着手から全機能の導入までに12年を要したが、この間のシステムを取り巻く環境の変化に対応するべく、平成12(2000)年から1回目のシステムチェンジに着手した。当時はこれを"次期輸送総合システムの開発"と位置づけていた。

支社や現業機関などのユーザーニーズへの対応としては、「輸送総合システム」導入後も紙の運転報による伝達のまま残っていた旅客計画や保守関係作業計画についてもシステム化することとした。列車ダイヤや車両・乗務員の運用計画に加え、臨時列車設定の要請内容を取りまとめた額表や、線路閉鎖やき電停止などの保守関係作業計画についてもデータベース化することで、輸送計画に関係する全ての情報のデータ化を実現した。

一方、システムを構成する各種ハードウェアの対応としては、「輸送総合システム」開発当時の処理能力から端末をワークステーション(専用端末)としていたものを、パソコン(Windows端末)とすることなどにより、信頼性を確保しつつ関係費用を削減した。

システム開発は3つのステップで進められ、平成14(2002)年にデータベース構造の見直しを含めた中央サーバ群のシステムチェン

輸送総合システムの更新　　　197

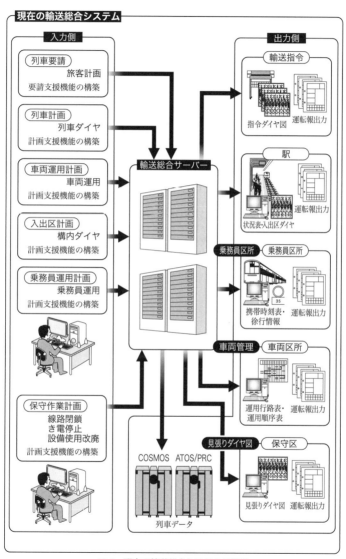

10-6　現在の輸送総合システムの概要

ジを、平成16(2004)年に旧システムで提供していた機能のレベルアップを行った。その後、最終ステップで平成19(2007)年に旅客計画や保守関係作業のシステムによる伝達を開始し、支社や現業機関に配布していた紙の運転報を廃止した。

現在の輸送総合システム

平成19(2007)年までのシステムチェンジにより「輸送総合システム」を発展性・汎用性のあるシステムとしたものの、その後ハードウェアの老朽化が進んだことから、あわせてシステムを取り巻く環境の更なる変化や運用面の課題にも対応するべく、平成24(2012)年から、導入後2回目のシステムチェンジとして老朽取替と追加機能の開発に着手した。

システムの老朽取替については、ハードウェアの更新やソフトウェアのバージョンアップなどを行うとともに、仮想化技術の導入や性能向上によりサーバ群の台数を削減した。また、セキュリティ対策やシステム運営環境の強化を図った。

追加機能については、1回目のシステムチェンジ後も存在していた運用面の課題解決を図るとともに、スマートデバイスに代表されるICTの活用による現業機関の業務変革などに対応可能なシステム構成とするべく、各種帳票の電子化やタブレット端末への対応などを進めた。

老朽取替と機能追加など、導入後2回目のシステムチェンジを経た最新の「輸送総合システム」は、平成27(2015)年7月に使用開始となった。

現在の「輸送総合システム」の構成を**10-6**(図)に示した。

第11章 輸送管理

　交通機関において安全は、最も重要で欠くことのできない条件である。

　しかし、交通機関の中で事故発生率の少ない鉄道では、安全は日常的には利用者の顕在的な意識では認識されない。

　一方、ダイヤによって運転するという使命を持った鉄道では、定時運行は日常的に利用者に意識される。JR東日本が投書やインターネットなどを通じて受ける意見の中で、列車ダイヤ、列車の遅れやこれに伴う接続の可否などは全体の約1割を占めている。また、その数は輸送障害の発生によって著しく増加する。

　運転従事員は時計に従って仕事をしているといっても過言ではなく、定時運行のために与えられたダイヤに基づき業務を遂行している。

　しかし、自然界の中を運行する以上様々な気象条件による影響を受け、また、車両や設備などの故障あるいは人身事故などの気象以外の条件によっても列車の運行が阻害される。また、輸送障害とは異なるが、ラッシュ時の混雑によって乗降に時間がかかり、遅延が生じることもある。

　ただし、道路交通との違いは車内が混雑していても列車の到着、発車が定時であれば運行が渋滞することはない。従って、列車が定時に運行されるための条件は、旅客の集中などを考慮して運行が計画されていることと、運行を阻害する要因が排除されることである。

輸送障害の防止対策

　輸送障害を防ぐためにまず事業者として取り組むべきことは、自らの要因を排除することである。JR東日本では、列車運行の安全を確保するため、毎年多くの投資を行ってきた。車両の故障を防ぐために、全体で13,112両（保有車両）のうち8割に当たるものは発足後24年間に投入してきた新車である。一方新車には初期故障が生じがちであるが、新造後すぐに営業運転に回すのではなく一定期間慣らし運転などの対応を繰り返している。

　その他、故障発生率の高い部品を一斉に取換えたり地道ではあるが、絶え間ない取組みを続けている。

　地上設備も特に列車密度の高い新幹線や首都圏の在来線で対策を講じている。首都圏在来線では、壊れにくい設備、二重系化した設備への改良として、信号ケーブルの弱点箇所の強化、橋梁部の合成マクラギ化、路盤陥没対策などを実施するとともに、レール探傷車増配備など設備の検査と保守の強化、次世代分岐器の導入、電路設備の簡素統合化、ATOS線区の拡大、列車無線のデジタル化などを行っている。

　新幹線では、地震観測体制の強化を行い、早期地震検知システムの導入、橋梁・高架橋トンネルなど大震災による緊急耐震補強対策を実施してきた。自然災害に対しては、運転規制のルールがある。大雨に伴う斜面や路盤の損傷による危険を回避するもの、強風による橋梁、高架区間の危険を回避するもの、地震による路盤損壊の有無を確認するためのもの、河川増水による橋梁損壊の危険を回避するものなどである。このうち降雨時における安全・安定輸送の確保を目指し、東京100km圏において降雨防災対策が講じられ効果を果たしている。

11-1　降雨防災対策

人身事故について

　ホームからの飛び込み等による人身事故は、JR東日本内で年間約300件発生している。そのうち首都圏での発生は約8割で、線区別では中央線、京浜東北・根岸線、東海道線の順となっている。中央線ではガードマンの増員やホーム照明設備の改良等の対策を行っている。

　人身事故が発生すると、当該線区の他にも負傷者の救出活動のため隣接線の運転を見合わせることもあり、利用者へ多大な影響を及ぼす。ラッシュ時間帯や発生箇所によっては、駅中間に停車する列車も発生するため、短時間で運転再開させることが重要である。

　現場では負傷者の救出を第一とし救助活動を行っているが、負傷者の状況は事故により千差万別であり、台車下に入った場合など、

救出が困難なことがある。そのようなときにはレスキュー隊の応援を要請することとなる。

また、平成14(2002)年11月6日にJR西日本で発生した救急隊員の死傷事故等を踏まえ、平成15(2003)年5月に人身事故発生時の取扱いを定めている。取扱いのポイントは、現場で対応にあたる社員の責任者を「現地責任者」と明確にし、チョッキや腕章をすることで警察・消防隊等の部外機関からも容易に識別できるようにしたことである。

これは、現場では、乗務員、駅社員、保守係員、警察、消防隊等の多くの関係者が線路内に出入りするため、線路内に入るときの安全確認や、運転再開時に関係者全員が線路外に退出したことを確実に確認する必要があり、この確認や指示を行う社員を現地責任者としたものである。このため、現地責任者は警察・消防隊の責任者と線路内の立入りや退出について打合せをするとともに、指令室の責任者と携帯電話で列車の抑止状況や運転再開時機について直接連絡を取り合うこととなる。指令室では現地責任者からの情報をもとに運転再開見込み時刻を関係箇所へ伝達している。

また、救護や事故対応に必要な用具一式をバッグに入れ各車両の運転台に配備した。用具は、救護衣、防護手袋、感染防止シート、安全チョッキ等であり、これらとほぼ同じ用具が各駅にも配備されている。各現場では定期的に人身事故訓練を行い、発生時に対応で

従来型排障器　　　　　　　改良型排障器

11-2　排障器の比較

きるよう備えている。

さらに最近では、湘南新宿ライン等のE231系や中央線・京浜東北線等のE233系の先頭車の排障器は、飛び込みがあった場合でも負傷者を車両下に巻き込まないような改良型の形状としている。

輸送障害発生時の早期復旧対策

輸送障害を発生させない対策は前述のように重要であるが、輸送障害が発生した場合の利用者への影響を最小限に抑えて、早くダイヤを平復する取組みも大切である。

事故の他設備・車両故障時や災害などにより、列車の運行に支障を来たした場合は、まず安全を確保することを大前提とし、早急に復旧し運転再開を迅速に行うために、体制をつくっていくこととなるが、列車運行ができない場合に特に気を付けなければならないことは、駅中間に止まってしまった列車の乗客救済である。この方法は、当該列車を動かせるようにして最寄りの駅まで運転する方法と、これができない場合は、別の列車と併結して最寄り駅へ収容する方法があるが、このいずれも不可能な場合、あるいはこれらに長時間を要することが見込まれる場合は、当該列車の利用者に降車してもらい、最寄りの駅等へ誘導・案内する方法がある。この降車誘導をスムーズに行うための梯子(折りたたみ式でリュックに入れて担いで持ち込むものと車両に搭載しているものとがある)を首都圏で配備している。

また、列車運行の影響が多線区に及ばないように、折り返し運転等により運転を確保する対策も実施している。

もう1つ重要なことは、利用者への情報の発信である。復旧状況や運転不能区間、さらに運転再開見込み、代替ルートの案内など、放送だけでなく携帯電話への配信やディスプレイなどによりわかり

やすく表示できるよう工夫しているが、さらに改善していくことが必要である。

輸送指令の組織

列車の運行は乗務員、駅社員など現場第一線の従事員によって直接遂行されるものであるが、線区全体の運行状況を把握し、適切な調整、統制を行う機関として指令部門が置かれる。その中で、中心的な役割を担うのが輸送指令である。

国鉄時代からJR発足当初、輸送指令は各支社運輸担当部輸送課の中の1つのグループのような位置づけに置かれていた。しかし、従来の指令電話で紙ダイヤ上に描かれた運転整理から、コンピュータシステムによって直接信号機の制御などを行うような形態に業務が変化することに合わせ、輸送指令の位置づけを高める必要が生じた。JR東日本は、平成6 (1994) 年に全社的に組織改正を行い、運輸担当部輸送課内の組織ではあるが、指令室という正式名称を付し、責任者として指令室長を配置した。あえて、輸送課から完全に独立させなかったのは、人事運用や異常時の応援等を考慮したものである。

指令室長は、従来輸送課長が輸送計画業務の統括とともに担っていた指令員の技能向上や業務の改善について専念する立場とされた。東京圏では平成8 (1996) 年から平成13 (2001)

11-3 指令室

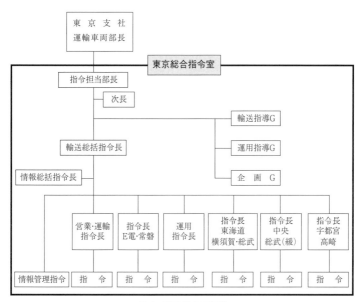

11-4 輸送指令の組織

年にかけて、東京地域本社から3つの支社(横浜、八王子、大宮)を分離させた。このため、総合指令室内に4支社の指令室長とさらに全体を統括する指令担当部長が配置された。その後、湘南新宿ラインの大増発や私鉄との相互乗り入れの拡大等の環境変化に対応した輸送障害発生時の迅速・的確な判断やネットワーク全体での運行管理体制の強化が従来以上に重要となってきたことから、平成17(2005)年7月、首都圏の輸送体系に合わせ運行体制を強化するため、上記3支社の指揮命令系統の一本化を図るべく指令室の一元化を行った。11-4(図)にその組織を示す。

輸送指令員の養成

輸送指令員は運転士、車掌、駅社員等に対して指示を行う業務で

あり、これらの業務を掌握している必要がある。最近の指令室は運行情報装置が充実されてきており、列車の位置や遅延状況等は指令室で直接把握することができるようになった。しかし、異常時に的確な判断・指示を下すためには、事故現場や混乱している駅の状況を指令員が把握する必要がある。駅社員や運転士・車掌などから必要な情報を引き出すためにも、様々な知識や能力が求められる。

JR東日本の新入社員や運転士・車掌養成など幅広い教育を行っている福島県白河市の総合研修センターでは、指令長などを対象とした輸送指令関係の研修が催されている。新任の指令員は所属する支社の指令室で初任者としての教育を受けることとしている。

指令員の仕事の目的と成果についてのイメージを11-6(図)に示した。

この図は縦方向は利用者から見たサービスレベルを示している。ダイヤ通りの運行は利用者にとって当たり前の状態として「ゼロ」としてある。それが運行のトラブル発生後にマイナスになる。サービスレベルが最低に低下した後、回復させていくことが指令員の使命となる。しかも、早く回復させれば良いということではなく、すべての対応において安全が大前提である。

輸送管理は、与えられた線路設備、車両、ダイヤなどの条件の下で、輸送障害後の回復をスムーズに行っていくことが使命である。しかし、これらの条件自体に

11-5　JR東日本総合研修センター

11-6 輸送障害発生からダイヤ回復まで

対して必要な改善を図ることも重要な課題である。

東京圏の輸送管理

東京圏では朝夕通勤時間帯の混雑が激しい。線区によって異なるが概ね午前8時から9時までの間が最も混んでいる。車両ごとの立席を含めた定員に対する実際の乗車人員の比率を乗車率または混雑率と呼んでいる。JR発足時に平均230％を超えていたが、増発、車両編成増強などの輸送力増強策により、平成26(2014)年度に平均174％まで改善することができた。

朝の通勤時には主な線区で2〜3分間隔の運転を行っている。その中で最も密度が高いのが、中央快速線であり、2分の運転間隔で1時間当たり30本の運転となっている。このため、僅かな障害が大きな影響に拡大しがちである。平成9(1997)年から平成11(1999)年にかけて様々な原因により輸送混乱を招いたために、社会的に厳し

い批判を受けた。これらに対して様々な角度から安全輸送対策を講じることになった。

　信号設備などの高信頼度化および折り返し設備整備など、工事費は約350億円で、輸送混乱の最小化に取り組んだ。線路沿線の器具箱に収容されている機器を各駅の信号制御室に集約し二重系化、その結果、約3,500個（平成12年当時）ある現場の器具箱は約70％以上削減された。また、快速線と緩行線の信号設備を分離し相互に影響を少なくした。現場の機器と制御室内の制御機器を結ぶケーブルとこれを収容する管路を快速線と緩行線に分離して整備し、相互に影響を少なくした（ケーブル取替延長約1600㌔）。さらに、水道橋駅折り返し設備を新設し、御茶ノ水駅方面への折り返しを可能とし、輸送障害時、千葉方面からの総武緩行線の運行を確保した。また、高尾駅の留置線を本線の通過線とすることにより、それまで通過線であったホーム着発線を甲府方面の折り返し線として活用できるように設備を改良した（平成15年から使用開始）。

　中央快速線は車両はすべて10両編成で定員1,480名、そのうち座席数は約500名である。最も乗車人員が多いのは東京の副都心である新宿付近であり、朝8時から9時の1時間に概ね86,000名が利用

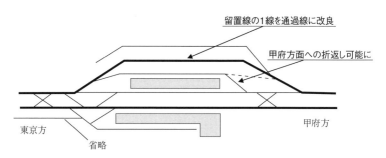

11-7　駅の配線改良（高尾駅）

している。このため、1,480名×30＝44,400名の2倍程度の混雑となっている(**11-8**(図))。なお、中央快速線は平成18(2006)年から車両を更新することになり、順次新形式のE233系が投入されている。E233系は、電気機器や保安装置など主要機器の二重系化により1つが故障しても通常走行を可能とするなど信頼性の向上を図るとともに、荷棚、吊手高さの変更、優先席エリアの明確化などのユニバーサルデザインを採用、ドア上の情報案内表示器やフルカラーの行先表示器を備えている。幅広の車体により定員が増加し混雑の緩和が進んだ。なお、平成22(2010)年度に従来型車両の運用は終了し、中央快速線の車両はすべてE233系に統一された。

京浜東北・根岸線も混雑の激しい線区であり、平成19(2007)年から輸送の安定性向上のため、E233系への取替えが開始された。平成21(2009)年度で従来型車両の運用は終了し、京浜東

11-8　中央快速線　朝ピーク時の在線状況(8時30分時点)

北・根岸線のすべての車両はE233系で統一された。

列車の出発は、通常最後部の乗務員室に乗務する車掌が、乗客の乗降と出発信号機の開通を知らせるためにホーム上部に懸架されているランプの

11-9 パイロットランプ

点灯を確認して戸締めのスイッチを押すことによっている。運転士はすべてのドアが閉じたことを示すランプの点灯と出発信号機を確認し、運転を開始する。朝夕のラッシュ時には多くの駅で駅の社員が乗客の乗降を確認し車掌に対する合図を送っている。高密度線区の定時運転は鉄道会社の努力のみならず、利用者の理解とマナーによって成り立っている。乗車待ちの旅客はホーム上などにマークされた乗車位置3列縦隊で待ち、降車客が降り終わるのを待ってから前から順に乗車を始める。これを整列乗車と呼んでおり、ホームや車内ではこのための放送が流されている。

ATOSの導入

JR東日本の首都圏では、大部分の線区で以前は信号制御を駅単位で行い、指令は電話による情報と紙ダイヤのみで指示をするという前近代的な輸送管理を行っていた。国鉄から引き継いだ各線区は、ターミナルに集まる線区が多く貨物列車の運転もあるなど、制御すべき進路数が地下鉄や他の私鉄と比較にならないほど多い。

これらを自動制御するシステムを構築するためにはコンピュータの能力が足りない時代を経過した後、技術の飛躍的な進化を受け平

成2（1990）年から東京圏輸送管理システム（Autonomous Decentralized Transport Operation Control System：ATOS）の開発に着手、平成8（1996）年12月には1号線区の中央線で使用を開始した。

運転整理の考え方

　JR東日本が導入したATOSは平常時の進路制御、情報伝達を自動化しただけではなく、大規模な輸送混乱時にも指令からの制御で輸送の回復を行うことを目指した。

　1つは、ATOSは、駅における進路制御という単純かつ膨大な回数の繰り返し作業からの解放を目指して導入したことである。

　2つ目には、異常時こそ、駅は旅客の案内、誘導等で駅は繁忙を極めるため、信号制御などのために忙殺させたくないということである。

　3つ目には、輸送管理は全体としての最適解を求める仕事であり、全体の判断を行う指令が実行も同じ箇所で行うべきと考えている。

　以下に具体的な運転整理の方法の例を示したが、これらはATOSの導入以前からも用いられていた手法である。しかし、当時は指令員が直接列車の運行状況を把握できず、駅や乗務員から報告された列車の遅延時分などから全体の状況を想像しながら判断、指示を行っていたものである。ATOS導入後はモニター画面等から直接リアルタイムの運行状況を把握しながら実施することとなり、運転整理の精度と効果は飛躍的に向上した。また、従来これらの運転整理は、拠点駅に配置された運転整理員が判断し実施後指令に報告するというケースもあり、その結果ますます全体状況が把握できなくなることもあった。ATOS導入により、リアルタイムの情報を指令と駅が同時に、連絡もせずに、把握できることになったことは狙いであり、また最も大きな効果である。現在はこれらの運転整理はすべ

延　発

　高密度運転線区では、列車の運転を等時隔に管理していくことが重要である。遅れた列車には平均より多くの乗客が待つことになる結果、乗降による停車時分が増大し発車が遅れ、次の駅でもさらに遅れることにより前の列車との間隔が拡大していく。2分間隔で運転している線区で列車間隔が2分拡大すると、その時刻において列車1本分の輸送力が失われたともいえ、影響は大きい。

　このような現象を防ぐために行っているのが「延発」という運転整理である。これは列車が遅れた場合に、その列車の先行列車の発車を数分遅らせることにより、運転時隔の拡大を防ぐ方法である。以前は各駅から電話で報告を受けた指令員が、実際の列車の位置を

11-10　出発時機表示器等

通知運転　213

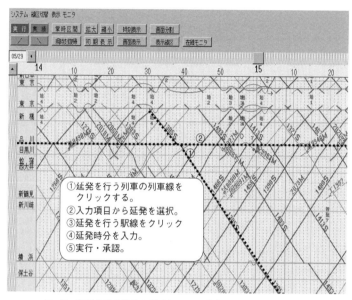

11-11　延発を行う場合のダイヤイメージ（ATOSへの入力方法）

正確に把握できないまま指示していた。また、乗務員への通告のために駅を介するための時間を要していた。

ATOS導入に合わせて、出発信号機付近に出発時機表示器(11-10(写真))を設置し、運転士や車掌に対する指示が駅を介さずに行えるようになった。また、輸送指令からは多くの乗務員に対して同時並行的に指示できるようになり、迅速化された。

延発を行う場合のダイヤイメージを11-11(図)に示した。

通知運転

運転間隔が短いために、列車の運行を阻害する何らかのトラブルが生じた場合は、そのまま運行を続けておくと駅と駅の中間で列車

を停止させざるを得なくなる。東京圏の線区ではピーク時に駅数より列車本数の方が多い場合もある。駅中間で長時間にわたり列車を停車させると利用者がドアコックを開き車両の外に出てしまうことがあり、大変危険である。

　駅中間に止めないために、次の駅までの運転を保障することができるまで、各駅で停車させることを「通知運転」と呼んでいる。従来、隣り合う駅と駅とが打ち合せて列車を出発させていたものであるが、ATOSでは指令員がシステムを制御して「通知運転」の取扱いを行うようになった。通知運転を行う駅の時刻や列車を指定し実施すると、運行の状況により通知運転の区間が順次拡大していく。輸送障害の要因が解消した後は、輸送指令員の入力によって、解除もできるようにしてある。

　通知運転の実施方法のイメージを11-12(図)に示した。

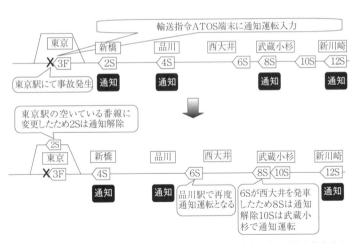

注) 列車を駅間に停車させないため、先行列車が前駅を発車するまで列車を抑止する。

11-12　通知運転イメージ図

列車遅延時の運転整理の例

混雑などにより列車が遅れた際、その影響が全体に波及しないように措置することは輸送指令員の重要な役割である。

途中駅から始発する列車がある線区での運転整理の例を**11-13**（図）に示した。

① 700Cが遅延
② 731AはA駅で折り返し830Aになる予定
③ 731Aの折り返しを繰り上げA駅からの700Cとして運転
④ 遅れた700CはA駅から830Aとして運転

③を「折り返し変更」、④を「運行変更」と呼んでいる。いずれも列車番号の数字下2桁の運行番号が変更され、以後変更された運行を続ける。

なお、同様に運転順序の変更は行うが列車番号の変更をしないケースもあり「順序変更」と呼んでいるが、その場合、折り返し駅で所定のダイヤに戻すための何らかの処置が必要である。

ATOSは計画されたダイヤの列車順序に従って信号機などの制御

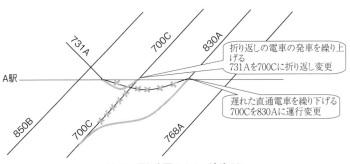

11-13 運行変更のイメージダイヤ

が行われるため、これらの運転整理時には必ずATOSへの変更入力が必要である。

途中駅折り返し運転

輸送障害が生じた場合、現地の状況を確認し復旧の見込みを立てることが以後の対応を決める上で重要である。比較的短時間で復旧が可能な場合は、全区間で運転を抑止し（各駅で運転を見合わせる）復旧と同時に抑止を解除する方法をとることにより、列車の偏りなどを避けることができ以後のダイヤ平復（通常のダイヤに復すること）が比較的容易となる。しかし、数十分から1時間以上かかるような輸送障害となった場合は、復旧まで全区間で運転を抑止せず、途中駅での折り返し運転等により可能な限りの輸送を確保するよう取り組んでいる。折り返し可能な駅は、分岐駅、車両基地に隣接する駅、待避線のある駅などに限られ一般の中間駅にはない。従って、現有する設備を最大限有効に活用して異常時の折り返し運転について検討をしておく必要がある。途中駅で折り返し運転を行う場合には、運転再開を待って車内に滞留している利用者に降車していただかなければならないため、情報案内を徹底し利用者を誘導するなど指令、乗務員、駅の綿密な連携が必要である。特に他の線区や他社線への乗り換えができない折り返し駅の場合、利用者の滞留が著しくなるため、手前の乗換駅での案内を徹底する必要がある。折り返し運転のイメージを**11-14**(図)に示した。

JR東日本では、輸送障害時の折り返し運転に対応するため、中央線国分寺駅（平成10(1998)年12月）、高尾駅（平成15(2003)年3月）、水道橋駅（平成15(2003)年7月）、横須賀線品川駅（平成20(2008)年3月）の折り返し設備の整備を行ってきた。

なお、京浜東北・根岸線に代表されるように、JR東日本の首都

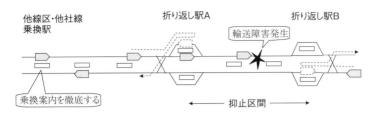

注）折り返し運転によるお客さまの滞留を少なくするため線区全体の案内が重要

11-14 折り返し運転のイメージ

圏各線区では、運転本数が多く、かつ運転区間が長大な線区が多い。このため、例えば京浜東北・根岸線の蕨駅で輸送障害が発生し運転を見合わせた場合、列車が各駅に停車することにより、遠く根岸線も運転を見合わせる場合があり、多くの利用者に影響を及ぼしていた。

京浜東北線では、輸送障害における利用者への影響を少しでも減少させるため、線区中間で発生した輸送障害に対して、その両端で折り返し運転を実施することにより運転区間を最大限確保するよう取り組んでいる。この場合、例えば鶴見駅では、通常南行列車→北行列車へ引き上げ線を使用して折り返し運転を実施しているところ、北行列車→南行列車と逆のパターンを用いて折り返し運転を行う。定期列車では実施していない方式のため、これまでほとんど行ってこなかったが、運行管理を行っている東京総合指令室と各現業機関とで協議を行った結果、実施が可能となった。このため、平成23（2011）年6月15日に発生した川崎〜鶴見間での人身事故発生時より実施している。

運休による運転整理

輸送障害により大幅な列車遅延が生じた場合、運転再開後に平常通りの運行に戻すための運転整理を行うことになる。東京圏など列

車本数の多い線区では、運転再開後、列車ごとの遅れが平均30分位となっているとすると、30分間に運転される本数の列車を運休としてダイヤ上の整理を行うことにより所定ダイヤに近づける方法をとる。**11-15**(図)に示すように、始終着駅で所定の折り返し列車の30分後の列車に折り返す方法である。実際には行き先が異なったり、車両の運用グループが異なったりするためこれほど単純ではない。このような変更をすることによって、運転士・車掌の運用、駅の乗車ホームなども変更となるため、指令員はそれぞれの箇所にきめ細かく連絡を取りながら指揮をとっていく。いかに速やかに平常運行に戻せるかは指令員の腕の見せ所であるとともに、実際の運行に携わる現業社員との連携が重要である。

新幹線や在来線の特急などは運転区間が長く、列車ごとに行き先

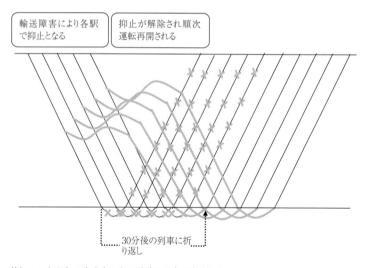

注）1　わかりやすくするため逆線の列車は省略した。
注）2　✕は運休、取り消しを表す。

11-15　運転整理のイメージダイヤ

が異なるため、遅れ時間の大きさによって運休する列車や折り返し変更を決定していく。運休する列車の指定席の利用者は他の列車に案内をするケースもあるが、規模によっては運転再開後しばらく全車を自由席とするケースもある。

ATOSの効果と課題

従来、輸送指令員の仕事は紙のダイヤの上で計画し、駅や乗務員に指示するまでであった。列車の状況が直接見えないため、指示した後の結果も乗務員や駅に質問しなければわからないという状況であった。ATOSでは計画したものをシステムの端末に入力し実行するまでを指令員が行い、その結果も常にモニターなどで把握できるため、輸送管理の業務の質が大きく向上した。

このように、ATOSは異常時の輸送管理についても、駅の解放処理等を行わず、指令員が中央から制御することにした。当初は、自動整理機能などを設けず、どの列車を運休するかとか、どの列車に折り返すのかなどは指令員の判断によることとした。指令員の判断に基づく制御をコンピュータに実行させるためには、情報の入力を行う必要がある。それだけにマンマシンインターフェースの使いやすさが成否を決する上で重要な条件となった。

ATOSの開発を開始したのは平成2(1990)年であるが、ちょうどGUI(Graphical User Interface)の汎用技術が大きく進んだ時期であった。ATOS以前に導入されていたシステムでは、変更入力はキーボードからの入力が主体であった。ATOSでは、指令員は列車の現在の位置を表す在線モニターとダイヤ(計画と実績)を正面のディスプレイに表示させておく。列車に対する変更入力は、ダイヤ表示をしているGD(Graphic Display)上に表示されるダイヤのスジにポインタを合わせクリックするとその列車に与えるべき変更メ

ニューがドロップダウンリストで表示され、システムがリードしていく方向に従っていくと処理が進むというようなソフトになっている。軽微な輸送の乱れの際にはこのやり方で十分対応可能である。

11-16 ATOSディスプレイ

しかし、朝通勤時の2分間隔で走っている状態でトラブルが生じ、途中の駅で連続的に折り返しを行わなければならなくなると、処理能力を超えてしまうことも生じてくる。実際、中央線は平成10(1998)年から11(1999)年にかけて多くの輸送トラブルに見舞われ、その中にはマンマシンの条件に起因する混乱拡大も指摘された。このため、途中駅連続折り返し運転の計画作成機能等運転整理の一部業務の自動処理機能を開発・導入した。

当初のATOSによる輸送管理は、異常時においては熟練された指令員が膨大な入力を行うことによって成り立っているものであったが、判断や情報伝達等を支援できる機能を順次付加してきている。

乗務員に対する伝達手段については以下のように改善が進められつつある。

運転士・車掌に対する指示連絡については、以前と変わらず駅を介して通告券を渡すか、列車無線による口頭通告によっている。ATOSが導入され信号制御系の処理が短縮されたにもかかわらず、乗務員への伝達に要する時間のロスによって、ATOSの能力が100%活かされないということになってしまう。特に肉声による口頭連絡は基本的に指令員と運転士が1対1の対応となるため、この

部分が全体の処理能力を制約するボトルネックとなってしまう。

　このため、商用データ通信サービスDopaを使用した乗務員通告伝達システムの開発が進められ、平成16(2004)年4月に中央・総武緩行線に導入された。輸送指令員がATOSに与えた運行変更の入力をテキストとして車上の乗務員にメール配信する。例えば、遅れた列車の後ろを走る特急列車が遅れないようにするためには、遅れた列車を途中の駅の待避線に入れ特急列車を追い越させるが、これらの変更を当該列車に向けてメールで配信する。これにより、関係する列車が複数ある場合並行した伝達が可能となり、無線を使った口頭伝達と比べて約2分の1の時間で済む。

　さらにこの発展系が平成19(2007)年8月に第1号線区として山手線に導入した列車無線デジタル化によって使用開始となった「通告伝達システム」である。このシステムは、指令員がATOSのGDで入力した内容が、運転台のモニター画面に直接表示され、乗務員が承認することによって、この通告が生きるというシステムで、この他にも災害時の速度規制もコンピュータから直接乗務員に伝わり、ダイヤの変更手配が迅速で確実に伝達されることが可能となった。また、この他にも列車無線デジタル化により、利用者に周辺線区の運行情報を提供できるシステム(運行情報システム)や車掌用ATOS情報システム、車両故障情報が指令や車両基地の端末に伝送して表示され復旧をより迅速かつ適確に行う車両故障情報伝送システムなども導入可能となった。これらシステムは平成22(2010)年度で首都圏の線区に導入された。

新幹線の輸送管理について

　JR東日本の新幹線の輸送管理で考慮すべき点は、前述したように五方面の新幹線が大宮～東京間の線路を共用していること、東京

駅の2面4線のホームに定期列車で約320本、繁忙期には約400本近い列車の発着を行っていること、新在直通列車は福島と盛岡で分割併合を行っておりホームや異常時等の制約があること、多種多様の車種が運転していることなどである。

東北・上越・北陸新幹線の平成26 (2014) 年度の平均遅延時分は0.6分である。これは全列車の平均の遅れが1分にも満たないことを示している。

新在直通運転

新在直通運転の課題の1つに遅延対策がある。平成4 (1992) 年7月の山形新幹線開業時には、上り「つばさ」が在来線区間で遅れた場合に福島駅で併結する「やまびこ」を何分待ち合わせするかという待ち合わせ許容時分の目安を定めた。これは併結する「やまびこ」自体の遅延防止とともに他の列車、並びに大宮～東京間を共用する上越新幹線に遅延が波及することを防ぐことも考慮したものであった。目安時分はそれまでの新幹線と在来線特急の接続待ち合わせ時分を採用し、日中帯は5分、最終列車は10分を基本とするというものであった。それ以上「つばさ」が遅れた場合には併合を中止し、それぞれ単独運転することとした。しかし、この場合、東京駅では併合できないため、下り列車も単独運転となる。実場面では、新幹線運行本部と仙台支社の指令間でその都度協議し決定している。なお、単独運転となった「つばさ」の列車番号はシステム上併合する「やまびこ」とは異なる必要があるため、所定の3桁に7000番を付加することとした。乗務員は福島総合運輸区が担当する。しかし、単独運転は乗務員の手配もあり多くは運転できないため、遅延時分によっては所定併合列車より1本あとの「やまびこ」に併合するよう在来線区間での運転を調整する場合もある。また、遅延が終日に

わたるような場合には併合は行わず、「つばさ」を福島〜山形間の折り返し運転としている。この考え方は、秋田新幹線にも引き継がれている。

在来線区間は、踏切や線路自体も山間部を通っているなど遅れる要因も多いが、近年は雪害対策等の災害設備を強化する対策も順次進められている。

COMTRACからCOSMOSへ

東北・上越新幹線の運行管理システムは、昭和57(1982)年開業時に東海道・山陽新幹線と同様のCOMTRAC(Computer Aided Traffic Control System)が使用されていたが、高密度運転、分割併合の車両編成、ネットワークの拡充に対応するため、平成7(1995)年COSMOS(Computerized Safety Maintenance and Operation systems of Shinkansen)が開発導入された。COSMOSは、8つのシステム(輸送計画システム、運行管理システム、保守作業管理システム、設備管理システム、電力系統制御システム、集中制御監視システム、車両管理システム、構内作業管理システム)から構成され、中央LANを中心に、中央の総合指令所から駅、乗務区所、車両基地、保守区に至るまですべてをシステム化するとともに、分散配置によりどれかのサブシステムにトラブルが生じてもシステム全体に影響が及ばないような仕組みとしている。

特に、運行管理システムには、列車に遅延が生じた場合に輸送指令のCRT(Cathode Ray Tube)画面に遅延に応じて予想ダイヤ(将来発生が予想される遅延時分や番線支障等に基づいたダイヤ)を表示する機能がある。輸送指令はその予想ダイヤを確認し、画面の列車スジを直接変更入力することで計画の変更を行うことができるため、適確な運転整理がより迅速にできるようになった。実際の運転整理

では、列車スジを変更することにより車両・運転士・車掌の運用や東京駅での車両清掃も変更となる場合もあるため、事前に関係箇所に変更計画を打診し準備をしておくことが不可欠である。

災害時における輸送

本書は、列車ダイヤを中心した鉄道営業のテーマをいくつかの別の角度から描くことを狙ったものである。従って、鉄道事故と災害に対する課題について中心的に記述することを目的とはしていない。

しかし、鉄道輸送のすべての原点は安全にあることはいうまでもない。

輸送障害は、通常、人身事故や車両・設備故障など偶発的に発生するものであるが、自然災害のうち台風や大雪に伴う障害は、気象予報などから事前に一定の対応準備が可能である。

災害が予見される場合、情報伝達・指示体制として本社と関係支社内に輸送対策本部が設置される。対策本部は、通常輸送管理を担っている指令部門に近接する箇所に設置されるのが望ましく、JR東日本在来線の首都圏エリアでは東京、横浜、八王子、大宮各支社合同で東京総合指令室内に設置される。東京総合指令室は輸送指令、営業運輸指令、運用指令、施設指令、電力指令、給電指令、信号通信指令など運輸、営業、設備のすべての指令部門が集中的に配置されており、対策本部会議で決定した方針の指示と第一線現場からの情報収集等が一元的に行われる体制となっている。

現在、気象情報はマスコミ報道とともに、様々なネットワークサービスにより提供されており、これらの情報から対策本部設置の時期、体制が決定される。

台風、大雪等の影響が生じる前に対策本部が行うことは、第一線現場に対する警戒指示である。雨については、線路を支える路盤が

直接地面に接している構造の区間（土工区間という）のうち、切り通しや盛土の区間が主な警戒対象となる。降った雨の量による運転規制についてもこの区間が対象である。大雨により河川が増水することに対して橋梁も対象となる。また、強風や大雪については、沿線の樹木の倒壊や枝折れも、線路や架線の障害の原因となるケースが多い。大雪は特に架線とパンタグラフに対する影響が大きい。パンタグラフに積もった雪の重みのため、電気が流れている架線とパンタグラフが離れる際、アークが発生し架線やパンタグラフを損傷することがある。

予測されるこれらの災害を避けるため、降雨量、橋梁の桁下水位、風速などについては、システム（プレダス）により監視しており、一定量を超えた場合、速度規制や運転中止の運転規制を行うこととしている。

このようなケースでも、一般的な輸送障害時と同様、遅延や運転中止の発生に即した運転整理を行うケースが多いが、予測に基づき影響を先取りした対応をとるケースもある。具体的には、速度規制に伴う遅延が蓄積してくると計画上の運転本数が確保できなくなるため、ある時点で運休による整理をする必要が生じる。これを前もって運休にすることを「列車を間引く」などと呼んでいる。また、まもなく運転中止の規制値に達しそうなとき、折り返しなどができる駅で運転を見合わせてしまうことなどである。

以下、事故・災害に関わる事例を紹介する。

山陰本線余部橋梁における列車転落事故

昭和61（1986）年の年末、12月28日、翌62（1987）年4月1日には国鉄が分割民営化され、新しい鉄道会社に生まれ変わることが既に国会で議決された年の暮れ、既に年末の休み期間に入っていた。

普通客車から改造された欧風客車「みやび」は、この日、団体の乗客を山陰本線香住駅までに全員降ろし、回送列車として運転中に余部鉄橋から転落した。この事故により鉄橋の下にあった水産品加工工場の従業員の方と車掌の合わせて6名の方が亡くなられた。

事故後の調査により、当時の福知山鉄道管理局のCTC制御室で強風を表す表示ランプが点灯したが、直ちに列車を緊急停止させる処置を取らず、最寄りの駅に状況確認の電話をしているうちに列車が鉄橋にさしかかり転落事故が生じたことに対して、指令の責任が問われることになった。

この事故の後開かれた専門の委員会の結論から、強風時の運転規制の基準が強化され同区間を含む全国多数の区間で、風速20m/秒以上で速度規制、25m/秒以上で運転中止と、一般の区間より5m/秒厳しい基準とされた。

上越線渋川〜敷島間における列車衝突事故

JR東日本が発足してから2年目の昭和63(1988)年10月に発生した事故である。

もともとの事故は、32両編成の貨物列車第4660列車の22両目の貨車の車軸が折れたことから始まる。車軸が折れた結果この車両が脱線、前の車両との連結器が外れ、後ろの車両11両のうち2両が脱線し、そのうちの1両は転覆した。この列車の運転士は突然非常ブレーキが動作し停車したため、後方を確認に行くが深夜のため分離、脱線、転覆した車両を確認できず、運転台に戻り指令に連絡をした。下りの貨物列車第3781列車は、渋川駅を定時通過、指令から「注意して運転するように」の指示を受け、速度約55km/hで運転中、突然現れた脱線車両に衝撃した。

事故後、指令からの指示や情報伝達に問題があったとする議論が

交わされ、指令員に対する教育・訓練が充実されることになった。

次の事例は筆者(初版の執筆代表者：井上)が直接遭遇した事例である。災害発生直後の緊迫感と事後の輸送確保の取組みについて理解していただけると幸いである。

武蔵野線新小平駅における隆起災害発生時における輸送の確保

(1)災害発生

平成3(1991)年10月11日22時40分頃、新小平駅を発車した府中本町発新習志野行2205E列車の車掌は後方の監視をしていたところ、屋根上から火花が飛び散るのと、ホーム終端部の秋津トンネル入り口付近で架線が激しく揺れているのを認めた。直ちに列車無線で当時丸の内の旧国鉄ビル8階にあった武蔵野線指令を呼び出した。連絡を受けた指令員は、すぐに新小平駅の助役に状況確認の指示を行うとともに、以後新小平駅に接近する予定の下りの貨物列車5577レを西国分寺駅に、上りの2106E列車を新秋津駅に抑止する指示を乗務員に対して行った。指令から連絡を受けた新小平駅助役は、駅の事務室を飛び出しホームに赴いた。そこで目にしたのは、切り通し構造のホーム側壁継ぎ目から激しい勢いで噴出す地下水と水に浸かりつつある軌道だった。

復旧作業に約2ヶ月を要し、1日当たり約100本の列車を山手貨物線にう回することになった「新小平駅構内隆起災害」発生時の状況である。筆者(井上)は、当時東京地域本社運輸車両部輸送課に勤務しており、指令室から連絡を受け職場旅行先から指令室に駆けつけた。

(2)武蔵野線の沿革と災害の概略

武蔵野線は京葉線と合わせて東京圏の貨物列車バイパスルート「東京外環状線」として計画された。昭和48(1973)年府中本町〜新松戸間、昭和53(1978)年新松戸〜西船橋間開業により全線開業。一方、京葉線は昭和61(1986)年西船橋〜千葉みなと間、昭和63(1988)年新木場〜西船橋間開業。

11-17 亀裂の入った側壁

京葉線は東京への旅客ルート建設が決まり平成2(1990)年に東京〜蘇我間が開業した。武蔵野線開業当初は、旅客列車運転間隔が朝通勤時20分、日中は45分という地方ローカル線並みであったが、沿線開発に伴い需要が大きく増加し年々輸送力の増強を図っている。在来線の新設路線として、道路とはすべて立体交差の構造としている。通過地域は神奈川県、東京都、埼玉県、千葉県にまたがり、台地と河川および沖積地を横断しているため、高架橋区間、切り通し区間、トンネル区間、橋梁区間と変化に富んでいる。

災害の発生した新小平駅は前後をトンネルに挟まれ、駅部のみ切り通しとした箇所である。災害発生後土木関係の専門家による委員会が設けられ、原因が推定された。それによると、都心部の地下水くみ上げ規制により地下水位が建設時より約6m上昇し、地中に埋め込まれた構造物を押し上げようとする浮力が設計値を

大幅に上回ってきたため、ということであった。浴槽に洗面器を沈めようとしたときにそれを押し上げようとする力は、深く入れようとするほど強まるという説明だった。

(3)仮設ホームによる折り返し運転

　同区間は当時既に多くの旅客列車と貨物列車が運転され、他の主要線区に大きく引けをとらないにまで成長していた(電車の編成が6両から8両に増強される準備中であった)。列車が一切運転不能となり利用者に多大な迷惑を及ぼすとともに、貨物輸送の大動脈として影響は甚大だった。当日残った列車9本は滞泊箇所までの運転を除きすべて運休したが、翌日以降は不通区間以外の運転を確保しなければならない。しかし、西国分寺駅と新秋津駅は、いずれも相対式ホームの上下本線の間に貨物列車のダイヤ調整等に使用するホームのない中線しかない。従って、営業電車を折り返すことはできない。しかも、西国分寺駅は中央線の、また、新秋津駅は西武鉄道池袋線との乗換駅であり、手前の駅で利用者に降りていただき、回送電車にして折り返すわけにもいかない。そこで、新秋津駅では図中の破線のルートで折り返しを行うことにした。①西船橋方面から来た電車を一旦中線に到着させる。②当時、西武鉄道と直通する貨物列車用に使用していた側線に(現在はこの奥に八王子支社訓練センターが設置されている)に進入、停車。③側線に停車後、運転士と車掌が車内を移動し運転台を交換する。④下りホームに据付けドアを開け到着となる。⑤下り列車として発車する。

　一方、西国分寺は、このような側線がないことと、折り返し運転区間が西国寺〜北府中〜府中本町の2駅間であったため、上り線のみを使用した指導通信式により1本の車両による折り返し運転とした。事故翌日の12日6時頃から変則的な運転方法により折

り返し運転が始まった。

しかし、災害復旧に相当な日数を要する見通しの中で、指導通信式には指導者や手信号等の要員を確保す

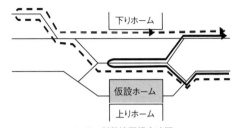

11-18 新秋津駅構内略図
注）破線は仮設ホーム設置前、実線は設置後の折り返し運転ルート

る必要があることから、何らかの対策が必要であった。関係者で議論を重ねるうちに、「西国分寺と新秋津の中線にホームがあれば折り返しできるのにな」という声が上がる。たまたま、この災害の前年に青梅線拝島駅のホーム拡幅のため線路を1本廃止し発泡スチロール製のホームを設置する工事が行われていた。「そうだ発泡スチロールでホームを作ればいい」と話が盛り上がってきた。早速その旨を施設部長に相談したところ、快諾。ただし、仮設と撤去の手間から発泡スチロールではなく鉄骨を組み板敷きのホームになった。

数回目の対策会議にこの案が提出され直ちに決定された。発生から15時間後のスピード決裁であった。そして4日後には仮設ホームが完成した。

西国分寺駅、新秋津駅とも中線で折り返すことができると、指導通信式や入換えを行う必要もなくなり、この後2ヶ月近く折り返し運転を安全に続ける基礎ができた。

(4)代行輸送ととう回ダイヤ

不通区間の輸送は代行バスによって行われた。武蔵野線であれば9分程度の区間が約1時間かかることになり、利用者に大変な迷惑を及ぼすことになった。しかし、JRバス関東のみならず、

地域の各バス会社には多大なるご協力をいただいた。合わせて、並行する西武鉄道の各線には振替輸送の対応をしていただいた。人身事故など

11-19　新秋津駅仮設ホーム(平成3年)

一時的な輸送障害で振替輸送を行うケースは通常行っていたが、これだけ長期間継続したことは例がない。

　一方、武蔵野線を運行する貨物列車は東海道貨物線と山手貨物線をう回するしか方法がない。当時、これらの路線には既に横須賀線、埼京線をはじめ成田エクスプレス、湘南新宿ラインなど多くの旅客列車が運転されており、貨物列車のう回ダイヤを作成するのは至難の業であった。しかし、物流の大動脈が寸断されるのはJR貨物にとって死活問題である。そのため、JR貨物とJR東日本の輸送計画担当者は昼夜分かたぬ奮闘によりう回ダイヤを作成、現場への示達を行った。また、既に集客を終えた団体列車も山手貨物線経由の運転とするため、指令室の事故対策室は担当者の専用作業部屋となり、こちらも不夜城の様相を呈した。当時の担当係長は災害発生直後に全部運休しかないと一旦は覚悟したが、ねじり鉢巻で全列車のう回計画を完成させた。その他にも武蔵野線の電車が所属する(当時)豊田電車区まで、交番検査のための回送など多忙を極めた2ヶ月間であった。

(5) 復　旧

　復旧工事は、当初は3ヶ月位と想定されていたが、年末の貨物輸送の書き入れ時に何とか間に合わせてほしいというJR貨物の

懇願と工事サイドの意地を見せた奮闘により、発生からちょうど2ヶ月後となる12月12日復旧の見通しが対策会議で発表された。

12月11日夜、既に新小平駅の復旧工事はすべて完了し、西国分寺、新秋津両駅仮設ホームの撤去作業だけを残した状態で切換えの夜を迎えた。東京地域本社の関係幹部は、武蔵野線CTCの指令スペースに集まった。2ヶ月の間、CTC表示板の西国分寺〜新秋津間の部分は「不通」と書かれたケント紙によって隠されていた。終電後、1時過ぎに仮設ホームの撤去作業を開始したという連絡が現地の責任者から入る。口には出さないが「何とか初電前に完了してほしい」という思いが全員の胸をよぎる。4時10分作業完了後の信号機の転換試験が現地扱いで行われ、「異常なし」。全員はっと胸をなでおろす。

そして、5時06分1本目の下り電車541Eが西国分寺を発車。全員の目がCTC表示板の列車位置を追う。5時15分新秋津到着。責任者として立ち会った次長の万感を込めた顔が周囲の社員に向けられる。どこからともなく拍手が起こり出す。全員が達成感を共有できた瞬間であった。

新小平駅隆起災害

平成3(1991)年10月11日深夜、台風21号の雨の影響で武蔵野線新小平駅線路をはさんだ駅両側のコンクリート壁の数箇所に亀裂が入り、隙間から大量の土砂と泥水が構内に流入した。水抜き作業後、線路を元の位置に敷き直すとともに、駅全体を地下水位の上昇に耐えられる構造にする工事を行い、2ヶ月後の12月12日に運転を再開した。復旧に約30億円かかり、14,274本が運休、約270万人に影響が出た。

首都圏大雪に伴う輸送障害

平成10(1998)年1月8日(木)気象庁の予報では関東地方は夜から翌朝にかけて大雪となり、関東平野部で10cmから20cmの積雪とな

る見込みであった。実際には、昼前から雪が降り始め、予報は12時30分に大雪注意報となり、16時10分には大雪警報となった。夕方には降り方も強まり、18時過ぎから各線区でポイントの不転換が発生し始め、駅に到着できず駅と駅の中間に立ち往生する列車も出るようになった。このため、横須賀線、東海道線、横浜線、中央線、京浜東北線では19時前から運転ができなくなり、その後首都圏のほとんどの線区で翌朝まで運転を見合わせることとなった。

　被害が拡大した主な原因は、降雪によりポイント不転換が多発したこと、踏切等に設置してある踏切障害物検知装置が雪により誤動作したため、列車が駅中間に長時間停車したこと、その間にパンタグラフが雪の重みで降下し、架線とパンタグラフが離線したことにより架線切断も発生したこと、さらには、駅中間で停車した列車から利用者が降車したため並行する線区も運転できなくなったことが挙げられる。東海道線では、品川から横浜間で駅中間に立ち往生した9本の列車から乗客が降車し、横須賀線や京浜東北線も運転を見合わせることとなった。そして、翌朝もこの影響が残り、東海道線では50％程度の運転となったのである。この2日間で運休した列車は1,682本、影響人員は134万人にも及んだ。当時の新聞には線路を歩いて駅へ向かう乗客の写真が大きく掲載され、JRの雪に対する対応の悪さが指摘された。

　当日のJRの対応は、気象庁の予報を受けて、本社、支社に雪害対策本部を午前中に設置し、体制を整えるとともに翌朝の運転に備えて深夜に凍結防止を目的とした臨時列車の運転計画を立てていたが、予想以上に早い降雪に対する夕方のラッシュ対応が遅れ、被害が拡大したものである。

　これらの対策としては、雪害対策マニュアルの見直しやポイントの凍結防止対策等を行った他、特に運転関係では列車同士の待避を

解消し、ポイントの転換回数を減らすため、快速タイプの列車を運休したり運転系統を単純化するため、他線区からの乗り入れを一部取り止める他、ポイント不転換時に駅間に停車する列車の本数を減らすため列車本数を削減することを組み込んだダイヤを予め準備しておくとした。これがいわゆる「雪ダイヤ」である（後に台風等にも使えることから「間引きダイヤ」とも呼んでいる。）。線区ごとの列車体系に合わせ、運休する列車も異なるが、概ね70％程度の運転率を目安とし、降雪状況によってはさらに運転率を下げるパターンも準備した。この「雪ダイヤ」は指令室でダイヤ改正ごとに作成しておき、いざとなったときにすぐ使えるようにしている。この年はこの後、1月12日、15日、3月5日にも大雪となったが、早めに「雪ダイヤ」で運転することで、ダイヤ混乱を防止することができたのである。

東日本大震災の対応

(1) 概　要

平成23(2011)年3月11日(金)14時46分、三陸沖を震源とする最大震度7（栗原市築館で記録）（震源の深さ約24km、マグニチュード9.0）の大地震が発生した。

気象庁は14時49分に太平洋沿岸一帯に大津波警報を発令し、海岸付近の住民に対し避難を呼びかけた。

さらに、15時06分、三陸沖を震源とする最大震度5弱（二戸市等で記録）（震源の深さ約10km、マグニチュード7.0）、15時15分に茨城県沖を震源とする最大震度6弱（鉾田市で記録）（震源の深さ約80km、マグニチュード7.4）、16時29分には、三陸沖を震源とする最大震度5強（大崎市で記録）（震源の深さはごく浅い、マグニチュード6.6）、17時41分、福島県沖を震源とする最大震度5強

(震源の深さ約30km、マグニチュード5.8)と、余震とみられる大規模な地震が立て続けに発生した。

JR東日本では、発災直後、新幹線を含み、700本以上の列車が運行されていたが、管内全線区一斉に運転を見合わせた。また、各支社、本社で地震に伴う対策本部を立ち上げ、情報収集や旅客救済、安否確認等を行った。

特に、太平洋沿岸を運転している線区では、大津波警報が発令されていることから、各支社指令から各列車の乗務員に対し、速やかに高台へ避難するよう指示を行った。また、当日運転される夜行列車については、すべて運休する手配を取った。当日運転を再開することができた線区は、新潟支社、長野支社管内の一部線区のみであった(11-20(図))。

また、大津波で被災した太平洋沿岸の各線区では、3月12日4時00分時点で、計5本の列車の乗務員と連絡が取れない状態であった。(仙石線1本、大船渡線2本、気仙沼線1本、山田線1本)

その後、各乗務員と連絡が取れ、すべての列車で乗務員と利用者が津波が到達する前に避難したことが判明した。この結果、JR東日本管内で地震、津波による列車に乗車中の利用者・乗務員の死傷事故はなかったことが確認できた。

時間が経過するにつれて、各線区の被害状況が明らかになってきた。特に津波の被害は甚大であり、鉄橋の流出、駅舎、車両が破壊されるなど、これまで経験したことのない被害実態が次々と対策本部に入ってきた。しかし、車中において利用者の死傷事故が発生しなかったのは不幸中の幸いであった。

翌3月12日3時59分には、新潟県中越地方を震源とする最大震度6強(長野県栄村で記録)(震源の深さ約10km、マグニチュード6.6)の地震が発生したため、飯山線で道床が流出する被害が出た。

第11章 輸送管理

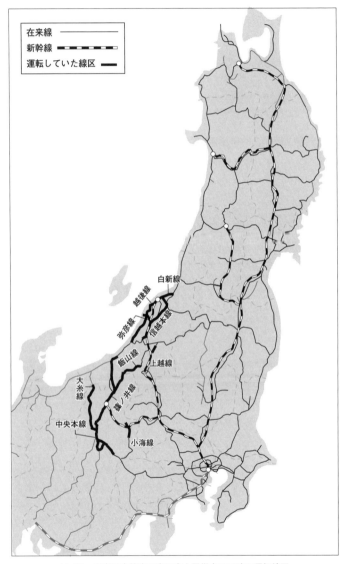

11-20 JR東日本管内の東日本大震災当日21時の運転線区

なお、列車運行の時間帯ではなかったこともあり、利用者の怪我などはなかった。

(2)新幹線の対応

地震発生直後、新幹線では、太平洋岸に設置した地震計がいち早く揺れを感知し、送電を停止させる措置が自動的に取られた。東京〜新青森間で利用者を乗せたまま運転を見合わせた列車は27本で、その内19本の列車が駅間に停車した。仙台〜古川間の新三本木SS設置の地震計で最大85.4カイン（運転中止基準は18カイン）を記録した。

東北新幹線では、揺れが極めて大きかったため、橋脚、架線など地上設備に多大な損傷が発生した。そのため、駅間に停車した列車についてはその場から動かすことができず、利用者は車内で待っていただくこととなった。また、前述の通り、大規模な余震が相次いで発生していたこと、利用者を乗せるバスの手配に時間がかかったこと（約800名乗車としてバス12〜15台程度必要）、利用者を収容する避難所の確保に時間がかかったこと、3月時点では、外気温が10度以下であることなどから、多くの列車では数時間程度車内で待っていただくこととなった。また、救済が夜間になってしまった列車については、安全性を考慮し、翌朝まで車内で待っていただくと判断した列車もあった。

その後、上越新幹線東京〜新潟間、（当時）長野新幹線東京〜長野間においては、地上設備の点検作業を行い、地震発生翌日12日午後より運転を再開した。

東北新幹線では調査の結果、合計1,200ヶ所で地上設備に被害が発生していることがわかった。その後、復旧作業が行われている中、4月7日23時32分、宮城県沖を震源とする最大震度6強、マグニチュード7.1の大規模な余震が発生したことにより、さら

に550ヶ所で損傷が発生した。このため、東北新幹線の全線開通はずれ込むこととなった。

その後復旧作業が終了し、全線で運転を再開したのは4月29日であった。JR東日本社内では、復旧作業をゴールデンウィーク前に終了し運転再開することにより観光需要に応え、被災した東北地方の地域経済活性化につなげなければならないとの思いを強く持っていた。JR各社、各民鉄各社の絶大なる協力により復旧作業を迅速に行うことができた。全線開通後も、一部区間で徐行が残り、運転本数減、到達時間増となる「特別ダイヤ」での運行となっていたが、架線・軌道などの復旧・調整作業の完了により、秋の観光シーズン直前の9月23日に震災前の通常ダイヤでの運行再開となった。

(3)被災した在来線の対応

地震発生後、直ちに各支社・本社に対策本部が設置され、被害状況を把握。これに基づき旅客救済の手配、および復旧作業に必要な人員確保を行うとともに、復旧・運転再開までの代替輸送やう回輸送の手配を行った。次に復旧してゆく進捗段階に合わせて、運転計画や復旧作業の確認・見直し、および対外公表を支社と本社が連携をとりつつ着々と遂行した。特に在来線の八戸線、山田線の沿岸部、大船渡線の沿岸部、気仙沼線、石巻線、仙石線、常磐線、東北線は震源地も近いことや津波により被害が甚大だった。度重なる余震に耐えながら運転再開に向けて膨大で懸命の努力が積み重ねられた。

東北線は震災発生から約1ヶ月後の4月17日に仙台以南が開通した。すでに福島まで復旧していた東北新幹線と、仙台を結ぶ快速列車の運転を設定し、利用者に大変喜ばれた。4月21日には仙台以北も復旧して東北線が全線開通し、4月25日には東北新幹線

が仙台まで開通した。東北線は全線開通したものの、線路はまだ仮復旧の状態であり、これから迎える夏の酷暑に十分耐えられるとはいい難かったため、さらに数日間一部列車の運行を取り止め、工事間合を確保して完全復旧の作業を行いゴールデンウィーク期間直前の4月28日に終了した。

　常磐線は、3月18日に上野～土浦間で運転を再開した。その後復旧工事の進捗に合わせて運転区間を延伸し、4月28日に上野～四ツ倉間、5月14日には久ノ浜、10月10日には広野まで運転区間を延伸した。3月11日の震災発生から5月14日の久ノ浜開通までの約2ヶ月間は、ダイヤ改正並みの運転計画の見直し作業を8回も実施しており、通常では考えられない過酷な作業を遂行していた。

　しかし、震災発生から5年が経過した現在もなお、山田線(宮古～釜石)、大船渡線(気仙沼～盛)、気仙沼線(柳津～気仙沼)、常磐線(竜田～原ノ町、相馬～浜吉田)は津波の被害や放射能汚染の影響が大きく、依然不通の状態が続いており、バスによる代行輸送などを継続している。

(4) 首都圏輸送の対応

　東日本大震災では、首都圏においても大きな揺れを観測した。社内ルールでは、12カインを超えた場合、列車の運転を取り止め、設備係員による目視点検で安全を確認しなければならない。

　今回の地震では新浦安駅設置の地震計で最大44カインを記録した。そのため、ほとんどすべての線区で目視点検が必要となり、高架橋、路盤、レール、架線、電化柱、信号設備、駅舎などでそれぞれ点検を実施した。

　その結果、山手線、横須賀線等で線路設備の損傷が発見され、その復旧作業を行ったが、周辺道路の大渋滞により復旧機材を積

んだ車両の到着が大幅に遅れるといったことや、運転再開にあたり、安全確認の回送列車を最徐行で運転するなど、在来線の運転再開までには予想以上に時間がかかった。その結果、当初12日7時頃と発表していた運転再開は多くの線区で午前7時よりも遅れる結果となった。

また、JR東日本のみならず、私鉄各社においても同様に線路点検の必要があり、長時間運転を見合わせることとなった。そのため首都圏では多くの人が職場から自宅へ帰宅することができなくなり、いわゆる帰宅難民となった。一部の私鉄・地下鉄においては、同日深夜より運転を再開する線区があったが、多くの利用者が集中したことにより、ホームが人であふれてしまい、再度運転を見合わせるなど、混乱した状態となった。そのため、同程度の地震が発生し首都圏全線が運転を見合わせた際の運転再開のあり方について、国土交通省が主管となって「大規模地震発生時における首都圏鉄道の運転再開のあり方に関する協議会」が開催されることとなった。今後検討を重ね、同程度の地震により首都圏全線で運転を見合わせ、線路点検が必要となった際の運転再開のあり方について、手法の検討を重ねる。

(5)被災地への物資輸送（JR貨物の貨物列車運行）の支援

①被災地への燃料輸送ルートの確保

震災発生後、東北地区の太平洋沿岸の港や燃料基地の被害は甚大で、燃料備蓄や船による運搬が困難になっていた。また、燃料を供給する首都圏においても、鹿島臨海や千葉臨海の石油精製場が津波や地震による火災で操業できず、京浜地帯の石油精製場に頼る状況となっていたため、関東地区においても一時的燃料不足が発生していた。そのような情勢のなか、JR貨物は根岸のオイルターミナルから東北地区に燃料を輸送することを計画していた

が、東北地区への大動脈である東北線も常磐線も不通となっており、別ルートの輸送を確保したいと考えていた。

そのような状況のなか、磐越西線が3月26日に運転可能となる見込みが出てきたことから、根岸線(根岸)→武蔵野線→東北貨物線→高崎線→上越線→信越線→磐越西線→東北線(郡山貨物ターミナル)のルートで輸送できないか、JR東日本に協力の要請があり、直ちにダイヤの調整および車両の入線確認手続きを行った。また、JR貨物は磐越西線を通常運行しておらず、同線区を運転できる乗務員がいないため、運転できるように乗務員訓練の必要があり、JR東日本の会津若松運輸区および新津運輸区の乗務員(指導担当)が、この訓練に協力した。さらに、一部貨物列車の運転を両区の乗務員が担当し、JR貨物の乗務員補充が間に合わない分を補った。貨物列車の編成はタンク車10両(4t積タンクローリー112.5台分)で、磐越西線の広田～翁島間に25‰の急勾配があるため、DD51の重連とした他、空転対策として会津若松に補機DE10を待機させた。

初列車は3月25日に根岸を出発して、磐越西線開通初日の3月26日に同線区を通り郡山貨物ターミナルに到着、1日1往復の運行を開始した。4月1日からは1日2往復に増強し、東北線の仙台以南が開通となる4月17日までの間、毎日走り続けた。

②東北線で長時間にわたり停車していた貨物列車の貨物駅への収容

3月11日の震災発生直後、東北線のすべての列車の運行を停止させて以来、線路の安全確認や運転設備の点検が終了し、運転可能な区間については運転を順次再開させていったが、東北線の黒磯～郡山間は震災から10日が過ぎても線路の安全確認がとれていない状況であり、特に豊原～白坂間が切取面崩壊、泉崎～矢吹間

が盛土沈下と被害が甚大であり運行不能の状態であった。貨物列車第3050列車は、郡山貨物ターミナル発車直後に地震となり、次駅である安積永盛駅構内に進入するところで停止し、脱線はしていないものの、前途の安全確認がとれていないので、そのまま抑止状態となっていた。荷物は郵便、宅配便食品のコンテナで、生活物資であることから、郡山貨物ターミナルに戻してトラック輸送などの代替輸送を行いたいというJR貨物の要請を受けた。そこで優先的に郡山ターミナルまでの線路や架線等運転設備の安全確認を行ったのち退行運転を行い収容した。

③宅配便・生鮮物資、被災地への救援物資輸送ルートの確保

東北線および常磐線が不通となっているため、同線を経由する東北、北海道方面への貨物列車が運転できないことから、上越線〜信越線〜羽越線〜奥羽線経由で北海道方面、また同線経由のあと、新青森から青い森鉄道、いわて銀河鉄道を経由して盛岡貨物ターミナルと関東地区を結ぶ貨物列車のダイヤを急遽設定した。

平成24（2012）年3月改正以降も、関東地区と北海道地区を常磐線経由で結ぶことはできない状況であるため、常磐線経由で運行していた貨物列車4往復を、上越線経由で1往復、東北線経由で3往復の「代替の列車スジ」を設定している。

(6)電力会社の供給電力逼迫への対応

震災発生後の大津波により、福島第一原子力発電所の水蒸気爆発、原子炉融解、放射能漏れ事故が発生したのをはじめとし、女川や陸奥の原子力発電所も津波による影響で停止した。また、この事故に伴い、各電力会社の原子力発電所の停止も相まって、電力会社からの電力供給が逼迫するという事態が発生した。

①計画停電への対応

　3月12日(土)海江田経済産業大臣の電力供給不足についての会見を受け、急遽東京がブラックアウトにならないように、3月14日(月)に「輪番停電」を実施するとの発表があった。しかし、停電になるエリアの詳細な把握と影響する線区を把握する時間が十分にとれなかったため、初電は自営電力で運転可能な線区である山手線、京浜東北線(蒲田〜赤羽)、中央線(立川〜東京)、常磐快速線(上野〜松戸)、常磐緩行線(綾瀬〜松戸)のみの運転となった。その後踏切、防災設備などが正常に動作していることが確認できた線区から順次列車の運行を実施した。

　その後東京電力の供給エリアをいくつかのグループに分けて、日別時間別に停電させて、首都圏全体の停電を回避する計画停電が公表された。列車の運行計画は、この計画停電のエリア・時間に合わせて実施可能な線区の運行計画をたてることとなった。(参考：巻頭グラビア「東京電力の計画停電によるJR東日本各線区のき電への影響」)しかし、この計画停電の実施可否が実施予定日の前夜に知らされるため、これに合わせた運行計画とするか所定運転に戻すかの手配を毎日徹夜で行うこととなった。ほぼ毎日ダイヤ改正を実施しているという過酷なものだった。

②電力使用制限令への対応

　原発停止等に伴う電力供給逼迫の状況は、火力発電所の増備や他電力会社からの融通により、4月8日からは計画停電は原則として実施しないことが公表された。しかし、前年夏の電力使用状況を勘案すると本年夏の電力供給が逼迫することが予想され、7月1日より電力使用量を抑制するために「電力使用制限令」という法律が施行された。

　この法律により夏の電力使用量がピークとなる12〜15時におい

て、鉄道では１時間当たり運転本数が５本以上の線区は、昨年夏の最大電力使用量に対して15％削減、１時間に５本未満３本以上の線区については５％削減、その他線区については０％削減の実施が課せられた。列車の電力使用量は気温との相関がとても大きく、これまで経験したことがない初めての計画であることから、確実に法律遵守していくためには法律が施行される前に計画を実施し、計画の精度を確認する必要があると考え、JR東日本は６月24日より電力使用制限令に基づく列車ダイヤ（＝「夏の特別ダイヤ」と呼んだ）を実施した。その後、６月24日から28日までのデータをもとに昨年の電力使用ピーク時に対して目論見通り電力削減はできていることが確認できたので、このまま夏の特別ダイヤを継続することとした。このダイヤを実施するにあたり、貨物列車の電力使用量の影響が特に大きいと考えられたことから貨物会社にも電力使用量削減に協力していただいた。電力使用量の削減効果は、鉄道の運行以外の節電効果も相まって、ピークに大きく接近することもなく順調に推移した。その後８月の猛暑のピーク日や昨年の電力使用ピーク日も過ぎてくると、電力使用削減のための列車削減を緩和できると判断し、列車削減により運転間隔が特に大きく開いている線区などについては随時削減した列車を復活運転させた。

　冬の電力供給状況については、厳しい状況が続くものの、国と電力会社の「生活に支障を来さない範囲での節電で乗越える」との方針から、鉄道輸送自体の制限はしないことで整理されたため、通常通りの輸送計画を実施することができた。

上野東京ライン開業の対応

(1) 運転整理の考え方の構築

　平成27(2015)年3月15日のダイヤ改正で上野東京ラインが開業した。上野東京ライン開業による直通運転の拡大により混雑の緩和や乗客の利便性向上が期待される反面、輸送障害発生時に関連する線区への影響の波及が懸念されたため、開業に向けた検討段階において、輸送障害発生時には影響を最小限にするために分離運転を行うことを決定した。当初、分離運転実施の判断については40分以上の遅延を目安とし、運転整理の方針は、東京駅・上野駅での分離運転を基本としつつ、事象の発生状況に応じて分離運転・折り返し実施および直通運転の継続に努めることとし、特に常磐線については、上野〜品川間での輸送障害を除いて可能な限り直通運転を行うこととした。

　開業に先立ち、東京総合指令室の指令員はATOSシステム訓練装置を使用したシミュレーター訓練を計70回実施し、輸送指令・営業運輸指令・運用指令から延べ2,112人が参加し技量向上に努めるとともに、運転整理手法の検討・検証を重ねた。訓練には乗務員区や車両センター、主要な駅も参加し、乗務員操配や車両運用戻し、情報配信・乗客案内の方法などあらゆる事態に備えて指令と現場で協力し開業に向けて万全の体制を構築した。

　なお、シミュレーター訓練を行ったところ、1つの輸送障害が広範囲に影響を及ぼすとともに、交差支障管理、発車順序管理の対応が多発し、さらに輸送影響が拡大することが判明した。この結果を基に、分離運転の判断は20〜30分の遅延で行うこととした。また、東京駅・上野駅で分離運転を行った際に常磐線の直通運転を継続すると、東京駅・上野駅で番線輻輳が発生し影響が拡大す

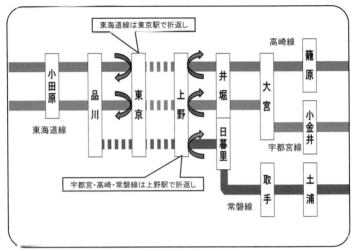

11-21 上野東京ラインの折り返し運転イメージ

ることがわかったため、東海道・宇都宮・高崎線の分離運転時には常磐線も上野駅で折り返しを行うこととした。こうして開業前に訓練を繰り返しながら輸送障害の発生時間帯・支障区間別に上野東京ラインの運転整理の考え方を検討し決定し開業に備えた（11-21（図））。

(2) 上野東京ラインの運行管理

上野東京ラインが開業して2週間ほど経過した平成27(2015)年3月30日の7時7分頃、京浜東北線の鶴見駅で人身事故が発生した。この際、輸送影響を受けた上野東京ラインについては東京駅・上野駅で分離運転を実施したものの、ダイヤが平復するまでに時間を要し直通運転再開は16時台となり、多数の運休列車が発生した。要因の1つは、東海道線の当初の遅れは直通運転継続の目安の範囲内であったが、乗客の混雑により想定以上に列車が増延したことであった。この事象を踏まえ、分離運転の実施は乗客

の混雑等による増延を見込んだうえで判断することとした。また、常磐線の特急列車は直通運転を継続した結果、分離運転を実施した東京駅での折り返しを2線(8、9番線)で行うこととなり、番線が輻輳し遅延が拡大した。このため、今後は時間帯や列車本数、運転状況等の状況に応じて常磐線特急列車の分離又は直通運転の継続を判断することとした。また、平成27(2015)年7月16日の6時36分頃、高崎線北鴻巣〜鴻巣間で発生した人身事故の際もダイヤ平復までに時間を要した。このときの要因として、上野駅で分離運転を実施した際に番線の輻輳が発生し列車の遅れが収束しなかったことがあったため、今後の対策として、折り返し運転する際に空いている番線をより柔軟に使用することや折り返し列車の出発順序を早めに決めてスムーズな折り返しを行っていくこととした。

　このように、開業後に発生したこれらの事象を経て、上野東京ラインの輸送障害時の運行管理については運転整理手法の見直しを行いながら対応力の向上を図ってきている。今後も速やかな他経路運転による直通運転の継続や折り返し運転の実施など、異常時のオペレーション力を磨き、さらなる輸送品質の向上にむけて継続的に取り組んでいく。

第12章　今後の課題

以下に、輸送に関係したJR東日本の主なプロジェクト等を紹介する。

相模鉄道とJR線相互直通運行

相模鉄道とJR線相互直通運転については、相模鉄道西谷から東海道貨物線横浜羽沢間に連絡線を敷設し、相模鉄道線とJR線を相互直通するものである。これにより、横浜市西部および神奈川県央部と東京都心部をダイレクトに結び、横浜での乗り換えが解消され、ネットワークの拡充が図られる。平成30(2018)年度末の開業に向けて設備改良や輸送計画について、現在検討が進められている（**12-1**

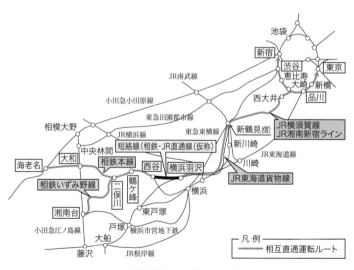

12-1　相模鉄道・JR線相互直通輸送

(図))。

新幹線の高速化とネットワークの拡充について

前述したように、東北新幹線の高速化は平成23(2011)年3月から平成26(2014)年3月にかけて段階的に行われ、現在「はやぶさ・こまち」が、宇都宮〜盛岡間でE5系・E6系による320km/h運転を実施している。今後のさらなる高速化に向けて、研究開発と技術的検証が進められている。

一方、全国新幹線鉄道整備法による国の事業として、平成27(2015)年3月に北陸新幹線長野〜金沢間が延伸開業、また平成28年(2016)年3月には北海道新幹線新青森〜新函館北斗間が開業した。JR東日本エリア外となるが、平成34(2022)年度末には北陸新幹線金沢〜敦賀間、平成42(2030)年度末には北海道新幹線新函館北斗〜札幌間が延伸開業する予定である。これらの新幹線ネットワーク拡充に伴い、輸送力増強や安定性向上等より品質の高い輸送サービスの提供が求められる。

震災で流失した線区の復興

平成23(2011)年3月11日に発生した東日本大震災では、太平洋沿岸部を中心に、多数の線区で地震並びに津波の被害を受けた。比較的被害の程度が少なかった区間から優先的に復旧作業を行い、順次運転再開しているところであるが、津波被害を受けた沿岸線区のうち、まだ復旧の目途が立っていない区間については、国・地方自治体とも協議しながら、地域全体の復興や「まちづくり」の計画策定と一体となって復旧作業を進めていくという方針が示されている(**12-2**(図))。

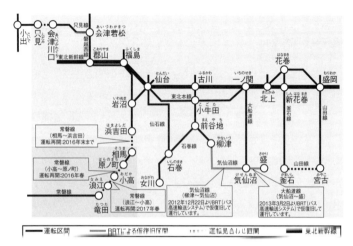

12-2　東北地方の運転見合わせ区間（2015年12月現在）

中央快速線等へのグリーン車サービスの導入について

　中央快速線等へのグリーン車サービスの導入については、平成32（2020）年度を予定している。着席サービスに対するニーズの高い、中央快速線（東京～大月間）、青梅線（立川～青梅間）に、新たに2階建てグリーン車2両を連結（12両化）する。これにより、首都圏の主要五方面（東海道、中央、東北、常磐、総武）全てにグリーン車が導入される。なおこれまでは中距離電車に導入してきたが、通勤電車への導入は初となるため、多くの課題を解決していく必要がある（**12-3（図）**）。

東京2020オリンピック・パラリンピックについて

　東京2020オリンピック・パラリンピックに向けては、競技によっては終了時刻が深夜帯になることが想定されており、競技場から引

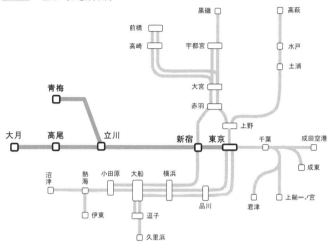

中央快速線　E233系　　　　中央快速線グリーン車イメージ

12-3　中央快速線等グリーン車サービスの展開

き上げる観客輸送が大きな課題となっている。深夜帯については、終電車の繰下げ等も含めて今後検討を進めていく。なお、朝通勤時間帯においては午前中に開始となる競技場への観客輸送が想定されるが、平日の同時間帯ではこれ以上の列車の増発等が困難であるため、通常の通勤の利用者に対して、出勤時間の繰り下げや、有給休暇の取得等の慫慂が今後必要となってくる。大会組織委員会と各事

業者が協力して、スムーズな観客輸送を実現し、大会を無事に完遂させたいと考えている。

初版あとがき

　この度、本書「列車ダイヤと運行管理」が出版の運びとなった。列車ダイヤ研究会という形で出版させていただくことになったが、執筆者の一人として本書を書くことになった経緯について記させていただきたい。

　そもそものきっかけは、今から遡ること6年余り前、私がJR東日本の運輸車両部輸送課長(現在は同部輸送担当次長)に任じていた折、交通ブックスの編集委員であった上司に呼ばれ、「交通ブックスから列車ダイヤの話を書いてほしいと編集委員の方々から意見が出ているが、井上君、書いてみないか」と言われたことだった。JR東日本発足後いくつかの仕事を経験させていただいていたが、その中で輸送計画や輸送管理に携わる期間が長かったことから自分自身が経験したり見聞きしたことを記述することが、何かの役に立つことがあればと思い即答した。個人で執筆してもチームで分担しても良いと言われていたが、少なくとも自社内の情報に関して最も手に入れやすい立場にあることから、自分で頑張ってみようと思ったのが最初であった。

　輸送課長在勤1年8ヶ月位経過した頃だったので、まだ異動もないだろうと考え、何とか1年以内を目途にしようと全体の構想を練ることにした。その後、たまたまフランスの鉄道雑誌のシンポジウムへの参加の機会を得て、準備にも追われ始めたころ、6月下旬の人事異動で広報部に異動せよとの内命があった。担当業務が変わる上、広報部は外部の方々との付き合いもあり原稿を書き上げられるだろうかなどと不安を感じたが、異動までに完成させようなどと無理な目標を立てた。しかし、それを果たせぬまま広報部に転じた。

その後も何度か無理やり時間を作り原稿書きに取り組んだが、段々自分が直接携わった内容は書き尽くし、ある程度の取材が必要な内容となると進み方が一気にスローダウンした。あっという間に広報部の2年が過ぎ、次は横浜支社に転勤することになった。この間、編集委員や成山堂書店の方々には何度か、泣きを申し上げた。特に同社が発行した富井規雄氏著「列車ダイヤのひみつ―定時運行のしくみ―」を拝見し非常によく書かれた本であることから、これで私はお役御免とほっとした気分になり、編集部の方にお話しした。しかし、さらに励ましを受けることになってしまった。

　原稿は全部自分で書き上げるつもりで途中までやってきていたが、直接関わっていないことを書くのはやはり当事者には勝てないと考え、JR東日本の輸送計画などの現役のプロに加筆や修正をお願いすることにした。昨年6月JR東日本を退職してからは資料の入手もたやすくなくなり、このメンバーのお陰でようやく完成に漕ぎつけることができた。またこのメンバー以外の方にも資料作成、写真手配など大変お世話になった。

　列車ダイヤについては既に多くの書籍が刊行されている。研究家の方々の詳しい調査によるものや、鉄道会社の方が執筆されたものも定期刊行誌などでよく目にする。列車ダイヤはお客さまのニーズに様々な条件を重ね合わせて作り上げたもので、出来上がったものは時刻表などを通じて公開されるものである。本書では列車ダイヤの完成までに至るプロセスについて、地上設備や車両条件などの条件でこれまであまり語られてこなかったものの記述に努めた。志は高かったが、出来上がったものを読み返すと反省することしきりである。より多くの読者の方に読んでいただき厳しいご叱声を賜れば、幸いである。

なお、JR東日本ではお客さま第一を旨とし、利用者、乗客を表す場合、「お客さま」と表現している。本書は同社社員が執筆したものであるため、当初の原稿では「お客さま」と記していたが、一般読者の方の読みやすさのため編集部より「利用者」（一部「乗客」）に改めるよう要請され、修正を行った。ご理解願いたい。

平成20年11月

初版・執筆者代表　井上　進

執筆者略歴 (執筆分担)

【初　版】

井上　進（いのうえ　すすむ）
　1953年　生まれ
　2007年　㈱ジェイアール東日本物流　社長

白土裕之（しらと　ひろゆき）
　1963年　生まれ
　2008年　本社運輸車両部車両運用計画グループ　課長

新井　誠（あらい　まこと）
　1955年　生まれ
　2008年　盛岡支社運輸部　運輸部長

樋口　清（ひぐち　きよし）
　1954年　生まれ
　2005年　横浜支社運輸部　輸送課長

太田雅達（おおた　まさと）
　1958年　生まれ
　2003年　本社運輸車両部新幹線輸送計画グループ　課長

岡村淳弘（おかむら　あつひろ）
　1956年　生まれ
　2005年　東京支社運輸車両部　輸送課長

大枝　勉（おおえだ　つとむ）
　1954年　生まれ

2006年　本社運輸車両部　課長

進藤憲二（しんどう　けんじ）
　　1958年　生まれ
　　2005年　大宮支社運輸部　輸送課長

【改訂版】

川合正敏（かわい　まさとし）
　　1960年　生まれ
　　2010年　本社運輸車両部　次長（輸送）

白土裕之（しらと　ひろゆき）
　　1963年　生まれ
　　2008年　本社運輸車両部車両運用計画グループ　課長

渡部俊之（わたなべ　としゆき）
　　1958年　生まれ
　　2008年　本社運輸車両部在来線輸送計画グループ　課長

小和田明宏（こわだ　あきひろ）
　　1967年　生まれ
　　2010年　本社運輸車両部指令・輸送システムグループ　課長

菅原　大（すがわら　ひろし）
　　1967年　生まれ
　　2010年　本社運輸車両部新幹線輸送計画グループ　課長

【2訂版】

小西雄介（こにし　ゆうすけ）
  1966年　生まれ
  1993年　東京地域本社（現東京支社）　運輸車両部輸送課指令室
  1995年　東京地域本社運輸車両部輸送課　課員
  1996年　本社投資計画部　課員
  1998年　本社人事部　課員
  2000年　千葉支社運輸部（企画）　主席
  2002年　千葉支社京葉運輸区（現蘇我運輸区）　副区長
  2003年　千葉支社運輸部（企画）　副課長
  2004年　東京支社新宿車掌区（現新宿運輸区）　区長
  2006年　本社お客さまサービス部（現サービス品質改革部）　課長
  2009年　横浜支社運輸部輸送課　課長
  2012年　東京支社大崎運輸区　区長
  2014年　八王子支社運輸部　部長
  2016年　本社運輸車両部　次長（輸送）：現在に至る

白土裕之（しらと　ひろゆき）
  1963年　生まれ
  1990年　水戸車掌区　車掌
  1993年　土浦運輸区　運転士
  1996年　水戸支社運輸部車務課　運用指令
  1999年　水戸支社運輸部　基本運用担当
  2001年　本社運輸車両部輸送課車両計画グループ　主席
  2008年　本社運輸車両部車両運用計画グループ　課長
  2016年　水戸支社運輸部運用車両課　課長：現在に至る

宗形則彦（むなかた　のりひこ）
  1974年　生まれ
  2002年　本社運輸車両部輸送課在来線計画グループ　課員

2010年　東京支社運輸車両部輸送課都市間輸送グループ　副課長
　2013年　本社運輸車両部在来線輸送計画グループ　副課長
　2015年　本社運輸車両部在来線輸送計画グループ　グループリーダー：現在に至る

馬庭智之（まにわ　ともゆき）
　1969年　生まれ
　2004年　本社投資計画部　主席
　2006年　大宮支社小金井運転区　区長
　2009年　東京支社池袋運輸区　区長
　2011年　長野支社運輸部　輸送課長
　2015年　本社運輸車両部輸送品質改革グループ　課長：現在に至る

祝迫栄一郎（いわいざこ　えいいちろう）
　1970年　生まれ
　1998年　仙台新幹線運転所運転士
　2000年　新幹線運行本部輸送課　課員
　2003年　本社運輸車両部新幹線輸送計画グループ　主席
　2008年　新潟支社運輸部指令室　副室長
　2009年　八王子支社運輸部輸送課　課長
　2012年　本社国際業務部　課長
　2014年　本社運輸車両部新幹線輸送計画グループ　課長：現在に至る

索　引

【数字・欧文】

1時間目ダイヤ ………………… *24*
1分目ダイヤ …………………… *24*
200系 …………………… *94, 134*
2階建て新幹線 ………………… *97*
2分目ダイヤ …………………… *24*
400系 ………………………… *135*
6扉車 ………………………… *158*
701系 ………………………… *184*
ATOS ………………………… *210*
ATS …………………………… *140*
ATS-P …………………… *42, 140*
COMTRAC …………………… *223*
COSMOS ……………………… *223*
CYGNUS ……………………… *134*
DS-ATC ………………… *113, 124*
E1系 …………………………… *98*
E231系 ………………… *55, 158*
E233系 ………………… *203, 209*
E2系 …………………… *62, 101*
E3系 …………………… *62, 135*
E4系 ………………… *62, 98, 119*
E5系 ……………… *62, 117, 249*
E6系 …………………… *62, 249*
E657系 ………… *21, 62, 90, 180*
E7系 …………………… *62, 123*
EB装置 ………………………… *66*
E電ダイヤ ……………… *15, 25, 30*
　——列車番号 ………………… *26*
E編成 ………………………… *134*
F編成 ………………………… *134*

G編成 ………………………… *135*
H編成 ………………………… *135*
H5系 ………………………… *133*
HB-E300 …………… *84, 85, 90*
JRグループダイヤ改正 ………… *67*
K編成 ………………………… *135*
Max（マックス） ……………… *98*
M電ダイヤ ………………… *17, 25*
M編成 ………………………… *135*
OD ……………………………… *6*
W7系 …………………… *123, 129*

【あ行】

あおば ………………………… *99*
秋田新幹線 …………… *19, 72, 101*
あさま ………………… *104, 123*
あずさ ………………… *21, 179*
余部橋梁 ……………………… *225*
行き違い設備 …………………… *9*
移り替わり …………………… *79*
上野東京ライン ……… *18, 144, 149*
運休 ………………………… *217*
運行情報システム …………… *221*
運行番号 ……………………… *28*
運行変更 …………………… *215*
運転間隔 ……………………… *41*
運転曲線 ……………………… *38*
　——図 ……………………… *39*
運転時隔 ……………………… *47*
運転整理 ………………… *211, 217*
運転報 ……………………… *189*

運輸区	64
営業戦略	73
駅線	22
駅の配線改良	208
遠近分離	99
エンド交換	65
延発	212
奥羽本線	102
応荷重装置	5
大糸線	85, 188
オールロングシート	155
おはようライナー	186
折り返し	215
——運転	216

【か行】

かいじ	21, 179
会社間	78
——直通	14
——直通列車	67, 78
かがやき	126
カシオペア	183
頭書き	24
架線切断	233
滑走	36
貨物列車	78
川越線	33
カント	37
機関区	60, 64
機器整備	48
奇数	14
季節列車	16, 82
北行	17
気動車列車	11

客車列車	11, 15
狭軌	101
曲線通過速度	40
きらきらうえつ	84
金帰月来	7
近郊電車	159
偶数	14
空転	36
下り	14
グランクラス	118, 138
グリーン車Suicaシステム	177
グリーン車	159, 176
クロスシート	160
警戒信号	44
計画作成システム	194
計画伝達システム	189
京浜東北線	166, 217
京葉線	174
現示	140
減速信号	44
現地責任者	202
甲種鉄道車両輸送	89
構内作業ダイヤ	22
こまち	9, 19
コメットクルー	95
混雑緩和	143

【さ行】

埼京線	31, 145
——ダイヤ	32
最小運転時隔	48
相模鉄道	248
座席配列	155, 160
サンライズ出雲・瀬戸	182

シーサスクロッシング……… 48, 142	人身事故………………………… 201
時間軸…………………………… 24	進路制御………………………… 211
次期輸送総合システム………… 196	水道橋駅………………………… 208
市場調査………………………… 71	スーパーあずさ………… 21, 37, 179
システム行路表………………… 192	スーパーこまち………………… 121
質的調査………………………… 7	スーパーひたち……………… 20, 180
しなの鉄道……………………… 104	スジ……………………………… 22
車掌区…………………………… 64	雪害対策マニュアル…………… 233
車両運行のメカニズム………… 36	設備改良計画…………………… 71
車両運用………………………… 60	設備投資………………………… 71
──図表………………………… 22	セミクロスシート………… 160, 161
車両基地………………………… 52	仙石線…………………………… 186
車両新造………………………… 53	仙石東北ライン………………… 187
車両投入計画…………………… 71	仙台空港アクセス線…………… 186
車両留置………………………… 52	仙台圏…………………………… 184
授受駅…………………………… 89	線路閉鎖………………………… 87
出区……………………………… 31	総合研修センター……………… 206
出発信号機……………………… 38	走行抵抗………………………… 37
需要の予測……………………… 7	相互直通運転……………… 10, 153
順序変更………………………… 215	続行時隔………………………… 22
ジョイフルトレイン…………… 83	
上越新幹線………………… 98, 136	【た行】
乗車人員…………………… 5, 207	ダイヤ改正……………………… 67
──測定装置…………………… 5	──日…………………………… 68
場内信号機……………………… 38	高尾駅…………………………… 208
湘南新宿ライン……… 10, 16, 145, 176	惰行……………………………… 39
常磐線…………… 20, 175, 180, 239	田沢湖線………………………… 101
乗務員行路表…………………… 22	たにがわ…………………… 100, 115
乗務省略………………………… 66	段下げ交代……………………… 50
指令室……………………… 202, 224	単線区間………………………… 23
新青森開業……………………… 115	着席サービス…………… 98, 120, 154
新幹線……………………… 93, 221	着定時ダイヤ…………………… 24
進行信号………………………… 44	注意信号………………………… 38
新在直通運転………………… 21, 222	中央快速線………………… 163, 209

索引

──グリーン車 …………… 178
中央線 …………………… 179
中央立体交差化切換えダイヤ …… 165
中距離電車 ……………… 159
長大間合い ……………… 87
通勤快速 …………… 33, 163
通勤特快 ………… 143, 163
通告伝達システム ……… 221
通知運転 ………………… 213
つばさ ………… 96, 108, 222
つるぎ …………………… 126
定期列車 ………………… 11
停止信号 ………………… 44
停車場線 ………………… 22
デジタルATC …… 14, 15, 113, 142
鉄道整備㈱ ……………… 95
出面 ……………………… 65
電車列車 …………… 11, 17
電動車 …………………… 37
転配属 …………………… 54
東海道新幹線 …………… 93
東海道線 ……… 17, 52, 145, 176, 233
東京圏輸送管理システム …… 194, 211
東京総合指令室 ……… 205, 224
東京メガループ ………… 169
東京臨海高速㈱りんかい線 … 33, 88
凍結防止 ………………… 233
等時隔 …………………… 49
到達時間 ………………… 8
到達時分 …………… 10, 40
東北貨物線 ………… 33, 145
東北新幹線 …… 96, 237, 249
──段階的高速化 …… 118
──列車配列 …… 110, 111

動力 ……………………… 36
──伝達装置 ………… 36
──方式 ……………… 11
とき ………………… 100, 114
ときわ ……………… 155, 180
トワイライトエクスプレス …… 183

【な行】

長野新幹線 …………… 72, 104
夏の特別ダイヤ ………… 244
なすの …………………… 99
成田エクスプレス …… 15, 19
南武線 ……………… 29, 169
──ダイヤ …………… 30
人区 ……………………… 31
根岸線 ……… 166, 210, 216
粘着力 …………………… 35
のってたのしい列車 …… 85
上り ……………………… 14

【は行】

はくたか ……………… 99, 126
パターンダイヤ ………… 107
八戸開業 ………………… 105
発定時ダイヤ …………… 25
波動性 …………………… 82
波動輸送計画 …………… 82
はやて ………… 102, 106, 119
はやぶさ ……… 62, 117, 248
東日本大震災 ……… 234, 249
被災地への物資輸送 …… 240
ひたち …………………… 180
標準軌 …………………… 101
福島駅 ………………… 96, 109

複線区間 ･･････････････････････ 22
踏切障害物検知装置 ･･････････ 233
振り子式 ･･････････････････････ 37
　　──車両 ･･････････････････ 41
ブルートレイン ･･････････････ 182
フルカラーディスプレー ･････ 112
フル規格新幹線 ･･････････ 98, 135
ブレーキ ･･･････････････････ 39, 140
プレス発表 ････････････････････ 78
プレダス ････････････････････ 225
フレッシュひたち ･･･････ 20, 180
平行ダイヤ ･･････････････････ 108
閉そく ･･････････････････････････ 41
　　──区間 ･････････････ 41, 140
　　──方式 ･･･････････････ 140
ポイント不転換 ･･･････････････ 233
北斗星 ･････････････････････ 182
北陸新幹線 ･････････････ 75, 104
　　──金沢開業 ･････････････ 125
保守間合い ･･････････････････ 86
ボツ ･･････････････････････ 24
北海道新幹線 ･･･････ 131, 139, 248
　　──新函館北斗開業 ･････ 131
本庄早稲田 ･････････････････ 107

【ま行】

マックス（Max） ･･････････････ 98
末尾記号 ････････････････ 17, 28
間引きダイヤ ･････････････ 234
南行 ･････････････････････ 17
武蔵野線新小平駅 ･････････ 227
メンテナンス ･････････････ 86

【や行】

夜行寝台特急列車 ･････････ 182
山形新幹線 ･･････････ 9, 96, 222
山手貨物線 ･･･････････ 31, 145
やまびこ ･･･････････ 97, 109, 222
雪ダイヤ ･････････････････ 234
輸送改善構想 ･･･････････ 70
輸送需要 ･････････････ 7, 82
輸送障害 ･･････ 199, 200, 203, 216, 224, 232
輸送指令 ･･･････････ 204, 206, 224
輸送総合システム ･･････ 75, 189
輸送対策本部 ･･･････ 224
輸送量 ･･･････････ 1, 5
曜日別ダイヤ ･･････････ 11
抑速ブレーキ ･･････････ 39
横須賀線 ･･････ 33, 91, 143, 176
横浜線 ･･････････ 166
予想ダイヤ ･･･････ 223
予定臨 ･･････････ 82

【ら・わ行】

ランカーブ ･･････････ 38, 48
リード線 ･･･････ 30
リゾートあすなろ ･････ 85
リゾートしらかみ ･････ 84
リゾートビューふるさと ･････ 85
リゾートみのり ･････ 84
力行 ･･････････ 38
旅客列車 ･･･････ 11
臨時列車 ･･･････ 82, 194
列車運行図表 ･･････ 22
列車運転時刻表 ･･････ 24
列車設定 ･･･････ 35
列車名 ･･･････ 18

列車番号……………………14, 16, 18, 26	老朽取替え………………………… 54
列車を間引く…………………………225	ロングシート………………… 160, 161
連続立体交差化………………… 88, 166	ワンマン運転……………………66, 188

「交通ブックス」の刊行にあたって

　私たちの生活の中で交通は、大昔から人や物の移動手段として、重要な地位を占めてきました。交通の発達の歴史が即人類の発達の歴史であるともいえます。交通の発達によって人々の交流が深まり、産業が飛躍的に発展し、文化が地球規模で花開くようになっています。

　交通は長い歴史を持っていますが、特にこの200年の間に著しく発達し、新しい交通手段も次々に登場しています。今や私たちの生活にとって、電気や水道が不可欠であるのと同様に、鉄道やバス、船舶、航空機といった交通機関は、必要欠くべからざるものになっています。

　公益財団法人交通研究協会では、このように私たちの生活と深い関わりを持つ交通について少しでも理解を深めていただくために、陸海空のあらゆる分野からテーマを選び、「交通ブックス」として、さしあたり全100巻のシリーズを、(株)成山堂書店を発売元として刊行することにしました。

　このシリーズは、高校生や大学生や一般の人に、歴史、文学、技術などの領域を問わず、さまざまな交通に関する知識や情報をわかりやすく提供することを目指しています。このため、専門家だけでなく、広くアマチュアの方までを含めて、それぞれのテーマについて最も適任と思われる方々に執筆をお願いしました。テーマによっては少し専門的な内容のものもありますが、できるだけかみくだいた表現をとり、豊富に写真や図を入れましたので、予備知識のない人にも興味を持っていただけるものと思います。

　本シリーズによって、ひとりでも多くの人が交通のことについて理解を深めてくだされば幸いです。

公益財団法人　交通研究協会
理事長　加　藤　書　久

「交通ブックス」企画編集委員

委員長　住田　正二（元東日本旅客鉄道(株)社長）
　　　　加藤　書久（交通研究協会理事長）
　　　　住田　親治（交通研究協会理事）
　　　　青木　栄一（東京学芸大学名誉教授）
　　　　安達　裕之（日本海事史学会会長）
　　　　佐藤　芳彦（(株)サトーレイルウェイリサーチ代表取締役）
　　　　野間　　恒（海事史家）
　　　　橋本　昌史（(公財) 東京タクシーセンター評議員会議長）
　　　　平田　正治（元航空管制官）
　　　　和久田康雄（鉄道史学会会員）
　　　　小川　典子（成山堂書店社長）

（平成 27 年 11 月）

交通ブックス116
列車ダイヤと運行管理（2訂版）
定価はカバーに表示してあります。

平成20年11月28日　初版発行
平成28年 4 月28日　2訂初版発行

著　者　列車ダイヤ研究会
発行者　（公益財団法人）交通研究協会
　　　　理事長　加　藤　書　久
印　刷　亜細亜印刷㈱
製　本　㈱難波製本

発売元　株式会社　成山堂書店
〒160-0012　東京都新宿区南元町 4 番51　成山堂ビル
TEL：03(3357)5861　FAX：03(3357)5867
URL　http://www.seizando.co.jp
落丁・乱丁本はお取り替えいたしますので、小社営業チーム宛にお送り下さい。

Ⓒ2016　列車ダイヤ研究会
Printed in Japan　　　　ISBN978-4-425-76153-1

交通ブックス

陸海空の交通がよくわかるシリーズ

各巻四六判・定価 本体1500円（★1600円・☆1800円）＋税

【陸上交通】
- ☆ 103 新訂 鉄道線路のはなし
- 105 特殊鉄道とロープウェイ　生方良雄【品切】
- 107 時刻表百年のあゆみ　三宅俊彦
- 108 やさしい鉄道の法規 JRと私鉄の実例　和久田康雄
- 109 新幹線 高速大量輸送のしくみ　海老原浩一【品切】
- 110 現代のトラック産業　カーゴニュース編【品切】
- 111 路面電車 ライトレールをめざして　和久田康雄【品切】
- 112 本州四国連絡橋のはなし 長大橋を架ける　藤川寛之
- 113 ミニ新幹線誕生物語 在来線との直通運転　ミニ新幹線執筆グループ
- 115 空港と鉄道 アクセスの向上をめざして　佐藤芳彦
- ★ 116 列車ダイヤと運行管理（改訂版）　列車ダイヤ研究会
- ★ 117 蒸気機関車の技術史　齋藤晃
- ☆ 118 電車のはなし 誕生から最新技術まで　宮田道一・守谷之男
- ☆ 119 LRT 次世代型路面電車とまちづくり　宇都宮浄人・服部重敬
- ★ 120 進化する東京駅 街づくりからエキナカ開発まで　野崎哲夫
- 121 日本の内燃動車　湯口徹
- ☆ 122 弾丸列車計画 東海道新幹線につなぐ革新の構想と技術　地田信也
- ☆ 123 ICカードと自動改札　椎橋章夫
- ☆ 124 電気機関車とディーゼル機関車　石田周二・笠井健次郎
- ☆ 125 駐車学　高田邦道
- ☆ 126 海外鉄道プロジェクト 技術輸出の現状と課題　佐藤芳彦

【海上交通】
- ☆ 204 七つの海を行く 大洋航海のはなし（増補改訂版）　池田宗雄
- 206 船舶を変えた先端技術　瀧澤宗人【品切】
- 208 新訂 内航客船とカーフェリー　池田良穂
- 211 青函連絡船 洞爺丸転覆の謎　田中正吾
- 212 日本の港の歴史 その現実と課題　小林照夫
- 213 海難の世界史　大内建二【品切】
- 214 現代の海賊 ビジネス化する無法社会　土井全二郎
- ☆ 215 海を守る 海上保安庁 巡視船（改訂版）　邊見正和
- 216 現代の内航海運　鈴木暁・古賀昭弘
- ☆ 217 タイタニックから飛鳥Ⅱへ 客船からクルーズ船への歴史　竹野弘之
- ☆ 218 世界の砕氷船　赤井謙一
- ☆ 219 北前船の近代史 海の豪商たちが遺したもの　中西聡

【航空交通】
- 302 日本のエアライン事始　平木國夫
- ★ 303 航空管制のはなし（七訂版）　中野秀夫
- 304 日本の航空機事故90年　大内建二
- 305 ハイジャックとの戦い 安全運航をめざして　稲坂硬一
- ★ 306 航空図のはなし（改訂版）　太田弘
- ★ 307 空港のはなし（2訂版）　岩見宣治・渡邉正己
- ☆ 308 飛行船の歴史と技術　牧野光雄
- ☆ 309 航空の時代を拓いた男たち　鈴木五郎